L'art de recevoir

Nov'07

Les Éditions
Goélette inc.

Dépôts légaux :
Troisième trimestre, 2007
Bibliothèque nationale du Québec
Bibliothèque nationale du Canada

Coordination : Esther Tremblay
Infographie : Amélie Surprenant
Recherche et révision : Rudel Médias

Crédits photographiques : iStockphoto©

Gouvernement du Québec – Programme de crédit d'impôt
pour l'édition de livres – Gestion SQDEC

Imprimé au Canada

ISBN : 978-2-89638-209-5

Sommaire

L'envie de partager

Toutes les occasions sont bonnes pour recevoir et comme il est bon de recevoir sans occasion! Vous avez envie de fêter un anniversaire, le premier jour du printemps ou de célébrer l'amitié? Ça y est! Vous avez pris la décision d'organiser une réception. Mais par où commencer? Qui inviter? Quoi servir? Comment? Vous entendez déjà les rires et les verres s'entrechoquer, mais à part cela c'est le néant : vous n'avez pas la moindre idée de la forme que prendra votre fête. Pas de panique! Vous commencez déjà avec le principal : l'envie de partager et de vous amuser. Le reste suivra simplement, grâce aux conseils – que vous trouverez, j'espère, judicieux – que je vous propose dans ces pages.

S. Lovejoy

1

▶ ▶ ▶

De l'idée à la réalité

Le secret d'une réception réussie? L'organisation! Être organisé, c'est 1) s'assurer que la réception est exactement comme dans nos rêves et 2) pouvoir se permettre de s'amuser avec ses invités sans penser à la coordination de la fête une fois arrivé le jour J.

Lorsque j'étais plus jeune – et inexpérimentée –, je me fendais en quatre pour réaliser les fêtes fabuleuses dont je rêvais, mais je dois avouer que le résultat de mes efforts laissait souvent à désirer. Au fil de mes succès et de mes insuccès, j'ai mis au point une méthode infaillible pour réussir à organiser une réception qui soit toujours à la hauteur de mes idéaux.

Le secret de ma méthode? Mon carnet de notes. J'y inscris toutes mes idées, toutes mes inspirations, au fur et à mesure qu'elles me viennent. C'est pourquoi j'aime avoir un carnet assez petit pour pouvoir toujours l'avoir au fond de mon sac. Sur la première page, je note les points que j'aurai à développer, auxquels j'aurai à réfléchir. C'est la colonne vertébrale de ma planifica-

Le secret de ma méthode? Mon carnet de notes.

tion. C'est à partir de ces décisions que je pourrai mettre «de la chair» tout autour et que ma réception commencera réellement à prendre forme.

· Motif de la célébration

· Type de réception

· Atmosphère souhaitée/Niveau de formalité

· Liste des invités

· Date de l'événement

· Déco/Thème

Motif de la célébration

Bien sûr, il existe mille et une raisons pour recevoir. Je m'attarderai ici aux réceptions «officielles», c'est-à-dire celles qu'on organise pour souligner un événement. Je les divise en deux catégories : les célébrations annuelles et les célébrations occasionnelles.

Les célébrations annuelles

 ### Noël

Noël, c'est la tradition, mais c'est aussi l'occasion de faire une fête hors de l'ordinaire. C'est le jour de l'année où les cousins que l'on voit la plupart du temps en pantalons de jogging se transforment soudain, comme par un coup de baguette magique, en princes charmants aux manières exquises. C'est le jour où l'on sort ses plus beaux atours, où tout le monde se met sur son trente et un.

• Le décor

C'est l'occasion de sortir l'argenterie, de mettre les petits plats dans les grands. On peut se lancer dans une déco tout ce qu'il y a de classique (mais chic!) ou alors absolument déjantée. À Noël, toutes les extravagances sont de mise. Noël traditionnel ou Noël éclectique, une chose est sûre, on fait les choses en grand.

Inspirations

Noël en rouge et vert

Le classique des classiques, qu'on a tendance à bouder…
Pourquoi ? Un Noël en rouge et vert peut être très
contemporain. Imaginez : une table dressée de rouge,
des chandelles qui réchauffent l'atmosphère et des
ballons verts qui flottent au-dessus de vos têtes…

Noël blanc

C'est un de mes favoris. Sapin blanc (artificiel ou si,
comme moi, vous ne pouvez vous passer de l'odeur,
un sapin naturel que vous aurez blanchi grâce à de la
peinture en aérosol), décoré de guirlandes de plumes
et de perles, de boules blanches ou transparentes.
Recouvrez votre table d'une nappe blanche (un écrin
parfait pour votre argenterie !) et vos canapés et vos
fauteuils de housses blanches. Pour un effet total,
demandez à vos invités de s'habiller en blanc.

• Le menu

Le menu de Noël est traditionnel ou il est gastronomique
(et souvent les deux !). Foie gras, saumon fumé, caviar
côtoient dinde et gelée de canneberges. Comme dessert,
une bûche au chocolat ou – ma folie ! – une charlotte
glacée aux marrons (vous trouverez la recette page 18).
Mais vous pouvez aussi proposer des plats différents.
Pourquoi ne pas continuer le thème de la déco avec
le menu ? Pour un Noël tout en blanc, par exemple,
servez une poularde sauce à la truffe blanche. Les plats
s'agenceront au thème.

• Types de réceptions à privilégier

Pour Noël, je pense que le dîner assis est préférable. Une longue table donne un effet spectaculaire, mais vous pouvez aussi choisir de dresser plusieurs tables. Tout dépend du nombre de personnes que vous recevez et de l'espace dont vous disposez. Si votre espace est restreint, vous pouvez faire un buffet. Mais alors, pour garder le cérémonial de Noël, je vous conseille de ne pas lésiner sur le luxe des mets et de la présentation

Charlotte glacée aux marrons

Ingrédients :

1 L de crème glacée aux marrons
1 L de crème glacée à la vanille
6 marrons glacés entiers ou en brisures
25 gros biscuits à la cuillère
1/4 tasse de crème de marrons vanillée
200 ml de crème à fouetter
1 c. soupe de sucre à glacer
1 cercle à pâtisserie de 16 cm de diamètre et de la hauteur
de vos biscuits à la cuillère (en général, environ 9 cm)

Marche à suivre :

- Sortez les crèmes glacées du congélateur et attendez qu'elles ramollissent.

- Pendant ce temps, écrasez 5 biscuits (vous pouvez décider de les écraser en poudre fine ou en plus gros morceaux, à votre goût!) et mélangez-les avec la crème de marron.

- Prenez le cercle à pâtisserie. Si vous n'en possédez pas, vous pouvez utiliser le contour d'un moule à fond amovible. Placez-le sur l'assiette de présentation. À l'intérieur, mettez une couche de crème glacée à la vanille et recouvrez des biscuits mélangés à la crème de marrons. Ensuite, couvrez de la crème glacée aux marrons. À l'aide d'une spatule, lissez bien la surface afin qu'elle soit égale.

- Mettez au congélateur pour que la crème glacée durcisse (au moins 2 heures, souvent 3 ou 4, selon si elle est très molle et selon la température de votre congélateur).

- Fouettez la crème. Lorsque des pics mous se forment, ajoutez le sucre petit à petit. Fouettez jusqu'à l'obtention de pics fermes.

- Sortez la crème glacée du congélateur et enlevez le cercle. Pour ce faire, réchauffez votre couteau sous l'eau chaude et passez-le tout autour. Le cercle s'enlèvera facilement.

- Trempez le dos des biscuits dans la crème fouettée et placez-les autour du gâteau.

- Pour la décoration, mettez la crème fouettée dans une poche à douille et décorez de petits choux. Faites pareil avec la crème de marrons.

- Remettez au congélateur.

- Sortez la charlotte du congélateur une heure avant de servir (à moins qu'il ne fasse très chaud – dans ce cas, 1/2 heure suffit).

Le jour de l'An

Il y a deux moments pour fêter le jour de l'An : le 31 au soir et le 1ᵉʳ dans la journée. Recevoir pour l'un ou l'autre est, bien sûr, très différent. Traditionnellement, le 31, c'est la soirée où l'on danse et festoie, où le champagne coule à flots sur le coup de minuit, celle où toutes les extravagances sont permises... et celle où l'on rêve de rencontrer l'âme sœur si on la cherche toujours. Le 1ᵉʳ, qui est pour plusieurs un lendemain de veille, la réception sera souvent moins trépidante... ce qui ne veut pas dire qu'elle doive être sage !

• Le décor

Si vous recevez le 31, le décor doit être celui de la fête par excellence. Piste de danse, recoins pour bavarder tranquillement, serpentins, ballons, tout doit être mis en place pour une soirée mémorable ! Ma suggestion : abondance, abondance ! Si vous avez choisi de mettre des ballons, n'en mettez pas quelques-uns, mettez-en partout ! Des grands, des petits, des ballons par terre, des ballons sur les murs, des ballons au plafond ! Même chose si vous choisissez de décorer avec des guirlandes, des fleurs ou des tissus. Si vous recevez le 1ᵉʳ, le décor devra être... serein. C'est que la plupart de vos invités auront déjà fêté la nuit précédente et

Si vous recevez le 31 décembre, le décor doit être celui de la fête par excellence !

aspireront au calme. Le mot d'ordre : simplicité. Quelques beaux accessoires, comme un centre de table ou encore un immense bouquet de fleurs, sont suffisants.

• Le menu

Pour la soirée : un bar bien garni (sans oublier le champagne, l'incontournable boisson du 31 décembre) et de mignons hors-d'œuvre. Prévoyez une table de minuit, avec sandwiches, charcuteries et desserts pour rassasier les invités qui seront affamés d'avoir tant dansé. Pour le 1er : buffet simple. Par exemple, quelques salades, des viandes froides, des fromages.

• Types de réceptions à privilégier

Le 31 : soirée dansante, à partir de 21 h. Ainsi, les invités auront trois heures pour s'amuser avant les 12 coups de minuit (inviter plus tôt aurait le désavantage de voir certains invités s'ennuyer ou regarder leur montre impatiemment). Sinon, une formule intéressante pour le 31 est de faire un repas gastronomique pour quelques amis intimes, puis de sortir tous ensemble pour vivre les 12 coups de minuit dans un des nombreux bars de la ville !

Pour le 1er janvier : je recommande le buffet. Et, pourquoi pas, le buffet où chacun apporte un plat. Il y a bien des chances pour que la plupart de vos invités aient des restes de la veille, alors pourquoi ne pas en faire profiter leurs amis ?

L'Épiphanie (la fête des Rois)

J'aime beaucoup fêter les Rois, le 6 janvier. C'est une fête qui me rappelle mon enfance. Ma grand-mère coupait la galette. J'allais me cacher sous la table (privilège réservé au convive le plus jeune) pour choisir à l'aveugle à qui irait chaque part : «Et celle-ci, Stéphanie, à qui je la donne?»

J'essayais de deviner où se cachait la fève tant convoitée. Je ne rêvais que d'une chose : la couronne ! Et de choisir mon roi... qui a longtemps été mon papa, bien sûr !

• Le décor

Un décor royal... fabriqué par les enfants, pourquoi pas ? Pour cette fête, ce sont eux qui sont à l'honneur. Alors, pourquoi ne pas en profiter pour organiser des activités de bricolage ? Ils pourront même fabriquer les couronnes qui coifferont la tête du futur roi et de la future reine ! Prévoyez donc des cartons de couleurs, de la gouache, des crayons de cire, de la colle, des ciseaux... et n'oubliez pas les ballons et les mirlitons !

• Le menu

Une galette des Rois !

La galette des Rois ou pithiviers

Ingrédients pour la pâte feuilletée :

200 g de farine
1 c. à café de sel
25 g de beurre ramolli en pommade
125 g de beurre froid

Ingrédients pour la crème d'amandes :

100 g de poudre d'amandes
100 g tasse de sucre
100 g de beurre
3 jaunes d'œufs

Ingrédients pour dorer :

1 jaune d'œuf
1 c. soupe d'eau

Et une fève !

Marche à suivre :
Tout d'abord, faites votre pâte feuilletée.
(Il faut commencer à faire la pâte la veille) :

- Mélangez le sel à 10 cl d'eau froide.
- Dans un grand bol, mettez la farine et creusez-y un puits, où vous verserez l'eau salée.
- Mélangez avec les doigts en ajoutant petit à petit le beurre ramolli, jusqu'à ce que la pâte soit lisse et ferme.
- Formez une boule.
- Recouvrez de pellicule plastique et laissez reposer au réfrigérateur jusqu'au lendemain.

Le lendemain :
- Étalez la pâte pour faire un grand rectangle.
- Coupez le beurre froid en lamelle, que vous poserez au centre de la pâte.

- Rabattez les deux côtés vers le centre, afin de recouvrir de beurre.
- Allongez l'abaisse : pliez en trois, tournez d'un quart de tour, puis recommencez.
- Recouvrez d'une pellicule plastique et laissez reposer une heure au réfrigérateur.
- Allongez encore une fois l'abaisse. Replacez au réfrigérateur une heure.
- Recommencez une troisième fois l'opération et laissez de nouveau reposer une heure au réfrigérateur.

Ensuite, c'est au tour de la crème d'amandes :

- Battez le beurre en crème.
- Ajoutez le sucre, puis la poudre d'amandes.
- Ajoutez les jaunes d'œufs, un par un, en battant bien à chaque addition.

Pour monter la galette :

- Abaissez la pâte feuilletée en deux disques d'environ 25 cm de diamètre.
- Mettez un disque sur une plaque recouverte de papier.
- Étalez la crème d'amandes sur le premier disque.
- Posez la fève.
- Recouvrez du deuxième disque de pâte feuilletée.
- Badigeonner le dessus de la galette du jaune d'œuf battu auquel vous aurez ajouté 1 c. à soupe d'eau. Ne badigeonnez pas les côtés.
- Dessinez des motifs sur la galette en faisant de légères incisions à l'aide d'un couteau.
- Laissez reposer au réfrigérateur 30 minutes.
- Préchauffez le four à 400 °F.
- Enfournez et laissez cuire 30 minutes.
- Servez cette galette tiède ou froide.

• Types de réceptions à privilégier

Une fête l'après-midi est à privilégier. Un goûter d'enfants, bien sûr, mais vous pouvez aussi fêter les Rois entre adultes et inviter pour le thé.

 ## La Saint-Valentin

Le 14 février, c'est la fête de l'amour! Ici, deux scénarios sont possibles : on est amoureux et alors on reçoit l'élu(e) de son cœur pour un dîner aux chandelles ou pour un brunch romantique, ou alors on est célibataire et on reçoit d'autres célibataires.

• Le décor

La fête de la Saint-Valentin est associée à la couleur rouge, la couleur de l'amour, de la passion. Si on reçoit pour un dîner aux chandelles, pourquoi ne pas l'utiliser? Et là, il ne faut pas avoir peur des clichés : ambiance feutrée, chandelles parfumées, éclairage tamisé, musique soul en sourdine... la totale! S'il s'agit d'un dîner entre célibataires, il faut tout d'abord décider s'il s'agit d'un dîner-rencontres (il faut alors bien réfléchir à qui l'on invite!) ou d'un dîner entre copains (un peu déprimés sûrement de tout cet amour que l'on voit partout, sauf chez eux!). Le décor dépendra donc de l'orientation de la soirée.

À la Saint-Valentin, il ne faut pas avoir peur des clichés!

• Le menu

Nouvelle cuisine pour le dîner aux chandelles. Attention, pas trop d'ail (mauvaise haleine), pas trop de piquant (brûlures d'estomac), pas trop de vin (on garde les idées claires pour une nuit romantique!). Pour le dîner de céli-bataires, tout dépend de qui vous invitez : entre amis intimes, repas convivial; sinon, buffet ou cocktail dînatoire.

• Types de réceptions à privilégier

Brunch romantique, dîner élégant en robe du soir et en tête-à-tête, cocktail, cocktail dînatoire, soirée dansante. Pour la Saint-Valentin, on laisse aller son instinct... amoureux!

 Pâques

Pâques, c'est en général l'occasion d'un repas familial. On offre des chocolats aux enfants, on fait la cueillette des œufs de Pâques... et on invite pour un repas de midi convivial.

• Le décor

Le décor de Pâques est un de mes préférés. La décoration des œufs est un art sur lequel j'en apprends un peu plus chaque année. Je dois dire que mes techniques évoluent avec l'âge de ma fille. Avant sa naissance, j'aimais bien les œufs trempés dans la teinture, mais depuis qu'elle est capable de participer à la création, nous avons essayé plusieurs techniques : les œufs en mousse de polyuréthanne coloriés avec des crayons feutre, les œufs durs recouverts de paillettes ou de petits morceaux de papier kraft de toutes les couleurs... Il y a mille et une manières de faire, plus ou moins compliquées et qui requièrent plus ou moins d'habileté.

• Le menu

Le menu traditionnel de Pâques, c'est, bien sûr, de l'agneau. Mais pourquoi ne pas essayer autre chose que le traditionnel gigot à la française? L'agneau se prépare de bien des façons! À la page suivante, une recette qui fera saliver vos papilles.

• Types de réceptions à privilégier

Comme Pâques tombe toujours un dimanche, les repas familiaux à midi sont de mise. Sinon, vous pouvez recevoir pour un thé l'après-midi. Et, bien sûr, les desserts au chocolat sont à l'honneur! Une des recettes qui impressionnent à tout coup mes invités est tellement simple que je suis presque gênée du succès qu'elle remporte. Il s'agit d'une mousse au chocolat présentée dans des coquilles d'œufs (que vous aurez décorées au préalable). Enfantin!

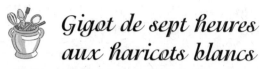

Gigot de sept heures aux haricots blancs

(Cette recette est tirée du livre *La cuisine réconfortante*, publié aux Éditions Goélette)

Ingrédients :

200 g (1 tasse) de haricots blancs secs
1 gigot d'agneau de 2 kg (4 lb)
2 carottes
2 oignons
1 feuille de laurier
10 ml (2 c. à café) de thym frais
10 ml (2 c. à café) de sarriette séchée
6 gousses d'ail
15 ml (1 c. à soupe) de concentré de tomates
250 ml (1 tasse) de vin rouge
500 ml (2 tasses) de bouillon de bœuf
Huile d'olive
Sel et poivre

Marche à suivre :

- La veille, faites tremper les haricots dans de l'eau froide.
- Préchauffez le four à 250 °F (120 °C).
- Coupez les carottes en tronçons. Émincez les oignons.
- Dans une cocotte allant au four, faites dorer le gigot dans l'huile d'olive à feu vif. Ajoutez la feuille de laurier, le thym, la sarriette, les oignons, les carottes et l'ail en chemise. Salez et poivrez.
- Délayez le concentré de tomates dans 15 cl (2/3 tasse) d'eau chaude, puis versez dans la cocotte. Ajoutez le vin rouge et le bouillon de bœuf. Couvrez et enfournez. Laissez cuire 7 heures.
- Rincez les haricots et faites-les bouillir dans de l'eau salée pendant 45 minutes. Égouttez-les et ajoutez-les au gigot lorsque celui-ci cuit depuis déjà 6 heures.
- Dressez le gigot dans un grand plat sur son lit de haricots blancs.

Œufs au chocolat

Ingrédients :

8 coquilles d'œufs vidées, lavées et décorées
200 g de chocolat noir
100 ml de crème 35 %
4 œufs (2 jaunes + 4 blancs)
50 g de sucre
1 c. à thé de vanille

Marche à suivre :

- Faites fondre le chocolat au bain-marie.

- Portez le lait à ébullition.

- Hors du feu, ajoutez le tiers du lait au chocolat et mélangez bien.

- Ajoutez le deuxième puis le troisième tiers en mélangeant bien après chaque addition, jusqu'à ce que le mélange soit bien lisse.

- Ajoutez 2 jaunes d'œufs.

- Battez les 4 blancs en neige. Lorsqu'ils forment des pics mous, ajoutez le sucre, petit à petit, et la vanille. Continuez de battre jusqu'à l'obtention de pics fermes.

- Incorporez les œufs en neige au chocolat refroidi.

- Prenez les 8 coquilles d'œufs que vous aurez vidées la veille en faisant de petits trous à chaque extrémité et en soufflant (une activité qui amuse les enfants!), lavées et séchées. Cassez délicatement l'extrémité pointue de chaque coquille pour élargir l'ouverture.

- Remplissez-les de mousse au chocolat.

Halloween

• Le décor

Un soir d'Halloween, le décor se doit d'être lugubre! Toiles d'araignées, chauve-souris, monstres poilus et tutti quanti! Pour une soirée d'Halloween originale, vous pouvez choisir un autre thème : par exemple, le carnaval de Venise, Louis XIV ou un décor oriental... Ce qui compte, c'est que toute la maison soit déguisée, pas seulement les invités!

• Le menu

Les drinks seront à l'honneur pour une soirée dansante. Sinon, vous pouvez servir un repas où tous les aliments sont colorés de couleurs étranges... mais pas trop tout de même! Je trouve personnellement qu'un spaghetti bleu est immangeable, même si le colorant n'affecte en rien le goût! Le fin du fin? Un repas dans l'obscurité totale! Les invités ne savent pas ce qu'ils mangent! (Toutefois, faites attention aux allergies : soyez certain de leur avoir demandé s'il y a des aliments qu'ils ne peuvent pas manger.)

• Type de réception à privilégier

Le bal masqué, bien sûr!

Les anniversaires

Il y a les anniversaires de naissance et les anniversaires de moments importants – comme les anniversaires de mariage. Ou encore les « demi-anniversaires » : je connais quelqu'un dont l'anniversaire tombe le 25 décembre et qui préfère célébrer le 25 juin! Et puis, n'oublions pas les « non-anniversaires », comme dans *Alice au pays des merveilles*, que l'on peut fêter tous les jours de l'année… sauf celui de son anniversaire! Bref, quel que soit le moment, il y a toujours un anniversaire à fêter!

• Décor, menu et type de célébration

Pour un anniversaire, le décor, le menu et le type de réception à privilégier dépendent entièrement du style de la personne fêtée. C'est là la seule règle – d'importance! – que je recommande pour ce type d'événement : oubliez vos goûts à vous et faites en sorte que chaque détail – des fleurs jusqu'aux hors-d'œuvre en passant par les serviettes de table – plaise d'abord et avant tout au fêté. Il ou elle doit se sentir le centre du monde! Et, surtout, lorsqu'on reçoit pour l'anniversaire de quelqu'un, il faut faire attention de ne jamais avoir l'air débordé ou embêté pendant la réception (un conseil valable pour tous les événements, bien sûr, mais capital lorsqu'on organise une fête pour quelqu'un d'autre : il pourrait se sentir responsable de vos soucis).

Les anniversaires de mariage

1 an : coton	14 ans : plomb	27 ans : acajou	**40 ans : émeraude**
2 ans : cuir	15 ans : cristal	28 ans : nickel	41 ans : fer
3 ans : froment	16 ans : saphir	29 ans : velours	42 ans : nacre
4 ans : cire	17 ans : rose	**30 ans : perle**	43 ans : flanelle
5 ans : bois	18 ans : turquoise	31 ans : basane	44 ans : topaze
6 ans : chypre	19 ans : cretonne	32 ans : cuivre	45 ans : vermeil
7 ans : laine	**20 ans : porcelaine**	33 ans : porphyre	46 ans : lavande
8 ans : coquelicot	21 ans : opale	34 ans : ambre	47 ans : cachemire
9 ans : faïence	22 ans : bronze	35 ans : rubis	48 ans : améthyste
10 ans : étain	23 ans : béryl	36 ans : mousseline	49 ans : cèdre
11 ans : corail	24 ans : satin	37 ans : papier	**50 ans : or**
12 ans : soie	25 ans : argent	38 ans : mercure	**60 ans : diamant**
13 ans : muguet	26 ans : jade	39 ans : crêpe	**70 ans : platine**

Les célébrations occasionnelles

Ce sont les fêtes qui n'arrivent qu'une fois ou de rares fois dans la vie, comme un mariage, par exemple. Il est donc importantissime de leur donner toute l'importance qu'elles commandent. Même si vous avez reçu pour des dizaines de showers pour bébés et que vous pourriez être tenté de penser qu'il s'agit d'un événement presque banal à organiser, ne perdez jamais de vue qu'il est unique pour la future maman. Elle s'en souviendra pour toujours. Tout doit être absolument parfait… et à son image!

Le mariage

Le mariage est, selon moi, la réception par excellence. Premièrement, c'est la célébration ultime de l'amour! Et ensuite, c'est un événement qui doit être pour les principaux acteurs «le plus beau jour de leur vie». Donc, organiser un mariage, c'est beaucoup de pression. S'il s'agit du vôtre, mon premier conseil est de bien vous entourer : la demoiselle d'honneur est le bras droit de la future mariée, il faut donc choisir quelqu'un qui possède des dons d'organisatrice. Et il y a, bien sûr, le coordonnateur de mariage, de qui, moi, je n'aurais pas pu me passer.

Le décor

Il s'agit de déterminer le thème du mariage. Souvent, les futurs mariés optent pour une palette de couleurs, mais le thème peut être aussi extravagant que l'époque médiévale ou les mille et une nuits! Le décor, de toute manière, doit être unique, chic et irréprochable. C'est lui qui établit d'emblée le style de la fête : il n'est donc surtout pas à négliger.

Les éléments à ne pas oublier lors de la planification d'un mariage

La papeterie

Pour les faire-part, les menus et les marque-place, n'hésitez pas à faire appel à un professionnel. Certaines boutiques offrent des ateliers pour vous aider à confectionner vous-même vos faire-part. C'est amusant, si vous avez beaucoup de temps devant vous.

Les fleurs

Indispensables. Les fleurs sont un plus en toute occasion, mais lors d'un mariage elles sont absolument nécessaires : le bouquet de la mariée et celui des demoiselles d'honneur, les fleurs à la boutonnière pour le marié et son cortège, les centres de table, les décorations sur les murs de la salle de réception, sans oublier l'allée à l'église… On pourrait – et on aurait envie – de mettre des fleurs partout! Choisissez donc un bon fleuriste, qui saura vous conseiller selon votre budget.

Le photographe

Contrairement aux autres styles de réception, lors d'un mariage, on ne saurait se passer des services d'un photographe. Il est là toute la journée pour capter les moments magiques de la cérémonie et de la réception. À réserver six mois à l'avance. Même conseil si vous faites appel à un vidéaste.

Les musiciens, le D. J. et le maître de cérémonie

Il est rare qu'on fasse appel à eux pour d'autres réceptions que les mariages. Mais pour un mariage, ils sont essentiels.

Le traiteur et le pâtissier

À moins qu'il s'agisse d'un mariage très intime, le traiteur s'impose. Si vous louez une salle de réception, on vous proposera probablement les services du traiteur de l'endroit. Sinon, mettez-vous en quête du traiteur idéal au moins six mois à l'avance. Pour le gâteau de mariage, vous devez rencontrer le pâtissier de six à neuf mois avant la cérémonie afin de décider du look et des saveurs.

Le menu

Le menu suivra le thème de la réception. Un conseil : «magasinez» votre traiteur afin de choisir celui qui correspond le mieux à vos goûts et à votre budget. Des trucs pour économiser : privilégiez la qualité de la nourriture plutôt que le chic des assiettes de présentation. Offrez un bon vin à table et un mousseux pour le cocktail plutôt qu'un bar ouvert toute la soirée. Oubliez les repas à 10 000 services : une entrée, un plat principal et un dessert de qualité valent mieux qu'une ribambelle de plats de qualité moyenne.

 ## L'enterrement de vie de garçon/jeune fille

Vous êtes le garçon ou la demoiselle d'honneur? C'est donc à vous d'organiser l'enterrement de vie de garçon ou de vie de jeune fille. Pour ce type d'événement, il n'existe pas vraiment de règles. Cependant, une tradition est toujours de rigueur : hommes et femmes célèbrent séparément. Quelques idées pour un enterrement de vie de garçon : soirée whisky et cigares, journée de sport extrême, soirée casino... Pour les enterrements de vie de jeune fille : journée au spa, week-end à la campagne ou week-end de shopping à New York... Votre imagination est la seule limite!

 ## Le shower pour bébé

En général, on organise un shower pour les premiers bébés. Tradition plutôt anglophone, elle gagne du terrain au Québec. C'est l'occasion pour les futurs parents de terminer le trousseau de bébé. Il leur manque un transat, une poussette ou un porte-bébé? Organisez un cadeau collectif. Pour ce qui est du décor, on peut faire dans le traditionnel : je pense qu'un décor rose pour une petite fille à naître et un décor bleu tendre pour un petit garçon sont toujours de bon ton. Et si on ne connaît pas le sexe? Alors tout en bleu et rose... ou tout en jaune!

Les showers intimes sont agréables parce qu'on a le loisir de bavarder avec la future maman. C'est un moment privilégié pour partager ses expériences. C'est sûrement pour cela que, traditionnellement, seulement les femmes sont invitées à ce genre d'événement : les maris se lasseraient-ils d'entendre mille et une histoires d'accouchements?

À quel moment de la journée recevoir? J'aime bien les thés d'après-midi (prévoyez plateau de fromages, fruits et desserts). Vous pouvez aussi recevoir pour un dîner ou un brunch. Mais ce que j'aime par-dessus tout, c'est recevoir pour un cocktail. Drôle d'idée, me direz-vous, puisque la future maman ne peut pas boire d'alcool. Eh bien, c'est justement pour ça que j'ai créé le cocktail illusion : tous les drinks y sont servis sans alcool.

Cocktail melon d'eau

Ingrédients :

Melon d'eau
Jus de citron vert
Eau gazéifiée ou Club Soda

Marche à suivre :

- Passez le melon d'eau à l'extracteur de jus.
- Ajouter quelques gouttes de citron vert pressé et allongez d'eau gazéifiée ou de Club Soda pour le faire pétiller.

Cocktail fraises

Ingrédients :

5 fraises
Quelques feuilles de menthe
Sirop de canne
Jus de citron vert
Eau gazéifiée ou Club Soda

Marche à suivre :

- Écrasez les fraises (gardez la plus belle pour la décoration) et quelques feuilles de menthe.
- Ajoutez l'eau gazéifiée, quelques gouttes de jus de citron vert et le sirop de canne (au goût).
- Ajoutez des glaçons.

Les types de réceptions

Le barbecue

L'été, recevoir pour un barbecue est un plaisir dont on ne saurait se priver. Très convivial, le barbecue met l'esprit à la fête. Idéal lorsque vous devez inviter beaucoup de monde.

Il faut prévoir quelqu'un «de corvée» au gril en tout temps. Si vous devez vous absenter pour une autre obligation, demandez à votre conjoint(e) de prendre la relève, ou même à un invité. Un barbecue requiert une attention constante. Il faut cependant éviter que trop de personnes soient autour en même temps : chacun aura son grain de sel à apporter, son truc

Un bouquet de fleurs des champs fera beaucoup plus d'effet qu'un bouquet de lys sur une table de barbecue.

infaillible pour les meilleures côtes levées. Il ne doit y avoir qu'un seul chef à la fois ! Dès que la viande est prête, le cuisinier place les morceaux dans un plat de service, qui est alors posé au centre de la table, et chacun se sert. Si vous le désirez, vous pouvez également remplir les assiettes au fur à mesure et les porter l'une après l'autre à chacun des convives.

En plus des viandes et des légumes sur le gril, il est bon d'avoir de nombreuses salades (n'oubliez pas les salades plus consistantes, comme les pommes de terre, les pâtes, le riz ou les lentilles). Pour le dessert, des fruits coupés en morceaux (mmm... le melon d'eau de l'été !) ou une salade de fruits. S'il fait chaud, crèmes glacées et sorbets sont toujours bienvenus. Une chose est importante dans la planification d'un barbecue : préparez tout ce que vous pouvez à l'avance, parce que vous n'aurez pas envie d'être à la cuisine en train de préparer des plats quand tout le monde sera dehors.

Dressez une ou plusieurs tables dans le jardin ou sur la terrasse. La déco doit être simple. Nappes et serviettes en papier, assiettes de carton ou de plastique – aux couleurs vives, bien sûr! – apportent fraîcheur et gaîté. Pour les fleurs, restez dans la simplicité : un bouquet de fleurs des champs fera beaucoup plus d'effet qu'un bouquet de lys sur une table de barbecue.

Dernier détail : n'oubliez pas les jeux. Si vous possédez un grand jardin, installez des jeux d'eau, des jeux de criquet, de pétanque ou de badminton.

▶ À noter

- Prévenez vos voisins!
- Si vous invitez pour un barbecue à votre chalet ou si des gens viennent de loin, il est toujours préférable de fournir par écrit un itinéraire détaillé et de mettre en contact les invités qui possèdent une voiture avec ceux qui n'en ont pas.
- Placez le barbecue loin des endroits de passage, dans un coin à l'abri du vent.
- Ayez toujours un extincteur sous la main, en cas d'accident.
- Prévoyez une nappe pour dresser la table à l'intérieur, en cas de pluie impromptue.

Le thé

Le thé est une réception «very british». J'aime beaucoup organiser des thés. Vestiges d'un passé où les femmes ne travaillaient pas et en profitaient pour passer du temps ensemble l'après-midi, ces réceptions ont quelque chose de suranné qui me plaît beaucoup. J'en profite pour donner une ambiance rétro à mon décor, à mon menu. De nos jours, les thés ont lieu beaucoup plus souvent le samedi ou le dimanche, mais je pense que c'est toujours une forme de réception essentiellement féminine plus agréable en petit comité. La nourriture y est toujours joliment présentée, la conversation, toujours charmante. On peut recevoir à table ou au salon. Si vous servez des canapés et des desserts qui se mangent avec les doigts, vous pouvez placer le plateau sur la table à café. Cependant, si les plats que vous servez nécessitent l'usage du couteau et de la fourchette, il vaut mieux alors recevoir dans la salle à manger. Mais le décor doit être simple. La présentation des petits-fours peut se faire sur des plateaux étagés.

Votre service à thé se doit d'être joli : c'est la principale déco pour cette occasion. Les tasses et les soucoupes seront de préférence en porcelaine fine. J'aime beaucoup servir le thé dans des tasses à motifs floraux que je chine un peu partout. Il n'est pas nécessaire de dépenser une fortune. Quand je vois une tasse qui me plaît chez un antiquaire ou dans une brocante, je l'achète. Inutile d'acheter tout un service. Des tasses dépareillées, mais dans les mêmes tons, ou alors avec le même genre de motif (des fleurs, par exemple), créent un service unique. Pour tout savoir sur l'art de préparer le thé, rendez-vous à la page 233.

Scones

(Quantité : 8 scones)

Ingrédients :

200 g de farine
1 c. à thé de poudre à pâte
1 pincée de sel
1 c. thé de vanille
50 g de beurre
100 ml de crème 35 % (pour une version allégée,
on peut remplacer la crème par du lait)
1 jaune d'œuf
2 c. à thé de zeste d'orange ou de citron
50 g d'une garniture de votre choix : raisins secs,
canneberges séchées, bleuets, etc. (optionnel)

Marche à suivre :

- Préchauffez le four à 200 °C.
- Dans un grand bol, tamisez la farine, la poudre à pâte, le sucre et le sel.
- Coupez le beurre en lamelles puis incorporez-le à la farine. Mélangez avec les doigts jusqu'à ce que la pâte ait une texture granuleuse.
- Ajoutez le zeste et la garniture (ou alors faites des scones nature).
- Dans un puits creusé dans la farine, ajoutez la crème ou le lait petit à petit jusqu'à obtenir une pâte homogène. La texture sera molle. Vous pouvez utiliser une fourchette, car la pâte devient très collante.
- Mettez la pâte en boule et recouvrez d'une pellicule plastique. Réfrigérez pendant 30 minutes.
- Abaissez la pâte pour une épaisseur d'environ 2 cm (n'oubliez pas de bien fariner le rouleau et le plan de travail : la pâte est collante!).
- Découpez des cercles d'environ 5 cm de diamètre et badigeon-nez-les du jaune d'œuf battu que vous aurez délayé dans 2 c. à soupe d'eau.
- Posez vos scones sur une plaque recouverte de papier parchemin.
- Faites cuire de 15 à 20 minutes.

Le cocktail

Le cocktail a lieu de 17 h à 19 h. Idéal pour recevoir beaucoup de monde sans vous lancer dans l'organisation d'un grand dîner. Lors d'un cocktail, on sert à boire. Pour grignoter, des plateaux de canapés sont passés parmi les invités. C'est un des cas où je n'hésite jamais à faire appel à un traiteur. Selon le niveau de formalité que je veux donner à mon cocktail, j'engage un traiteur avec service ou bien je vais chercher les plateaux moi-même et je fais le service (avec l'aide de mon mari, bien sûr!).

Les quantités à prévoir pour un cocktail de 25 personnes

- Canapés froids : 250

- Petites bouchées chaudes : 200

- Petites gourmandises sucrées : 200

- Bouteilles de vin et de champagne : 20 bouteilles

- Bières : 24

- Bouteilles d'alcool (whisky, vodka, etc.) : 6 bouteilles

- Bouteilles d'eau minérale : 18 bouteilles

- Jus de fruit : 10 litres

- Glaçons : 24 livres

Le buffet

Le buffet est idéal si vous désirez recevoir beaucoup de monde à manger. L'atmosphère y est plus conviviale que lors d'un dîner à table. Les gens peuvent circuler, bavarder avec plusieurs personnes... Vous pouvez opter pour un buffet froid ou pour un buffet chaud, le premier ayant l'avantage de vous permettre de tout préparer à l'avance. Planifiez de petites tables dans plusieurs coins de la maison (du moins dans les pièces que vous voudrez rendre accessibles), pour que les invités puissent y déposer leurs assiettes. Lors de l'organisation de votre réception, soyez certain de laisser assez d'espace autour de la table où sont disposés les plats pour que les invités puissent y circuler à l'aise.

Le dressage d'un buffet

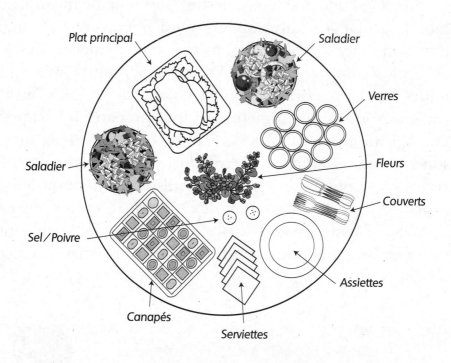

Plat principal

Saladier

Verres

Fleurs

Saladier

Couverts

Sel / Poivre

Assiettes

Canapés

Serviettes

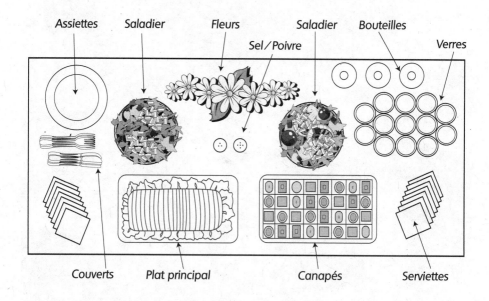

Assiettes   Saladier   Fleurs   Saladier   Bouteilles

Sel / Poivre

Verres

Couverts   Plat principal   Canapés   Serviettes

Le dîner

Si vous voulez recevoir des amis, c'est un dîner qu'il vous faut organiser. Un dîner à six ou à huit est à privilégier, parce que la conversation peut se dérouler entre tous les convives à la fois, plutôt que par petits groupes. Comment recevoir les invités ? Comment les assseoir ? Comment faire le service ? La plupart des conseils que vous trouverez dans les différents chapitres de ce livre se rapportent à cette réception classique et incontournable. C'est la réception que je préfère et que j'organise le plus souvent !

Autres types de réceptions

Pour célébrer une naissance, un nouvel emploi, pour présenter des amis, pour fêter l'été, on peut choisir un type de réception qui sorte de l'ordinaire. Par exemple : le vins et fromages, la partie d'huîtres, la soirée de jeux de société, etc. À vous d'en inventer de nouvelles pour étonner vos amis avec du jamais vu ! La partie d'huîtres se tient en général à l'automne, quand la saison des huîtres commence (vous connaissez le truc : les mois en « re » sont les mois des huîtres : septembre est donc le mois

Bien sûr, il existe un nombre infini de types de réceptions. Mais rien ne vous empêche d'en inventer de nouvelles pour étonner vos amis avec du jamais vu !

de la première partie d'huîtres de la saison !). Le vins et fromages permet de se rencontrer en début de soirée et de déguster des merveilles qu'autrement on n'aurait pas l'occasion de goûter. Ce sont deux types de réceptions où l'amour des bonnes choses rassemble les gens.

Atmosphère / niveau de formalité

Une fois que j'ai décidé du type d'événement que je veux créer, en fonction de la raison pour laquelle je veux recevoir, c'est le temps de répondre à la question suivante : quelle est l'atmosphère que je désire créer autour de ma réception?

Est-ce que j'ai envie d'une atmosphère feutrée, enjouée, conviviale, chic ou formelle? Bien sûr, la réponse à cette question peut paraître évidente si vous recevez pour les six ans de votre fils : vous ne penserez certainement pas à une atmosphère formelle! Mais il existe plusieurs ambiances possibles à l'intérieur d'un même niveau de formalité. Par exemple, Alexandra, une amie à moi, a reçu pour les cinq ans de sa fille Lily. Lily est une petite fille qui, comme la plupart des petites filles de son âge, est folle du rose, du ballet, des princesses et des bonbons. C'est tout à fait dans l'ordre des choses. Pour lui faire plaisir, Alexandra a décidé d'organiser un thé. Sur une table recouverte d'une nappe rose tendre, elle a posé des assiettes de style années 1950 aux motifs floraux, qu'elle avait trouvées au hasard des brocantes. Elle a déposé dans chaque assiette une petite paire de gants blancs et, sur chaque chaise, des chapeaux de paille ornés de fleurs et de rubans. Au centre de la table, de délicates pâtisseries, toutes dans les tons de rouge et de rose, et un service à thé miniature, dans lequel elle avait mis du lait parfumé à la fraise. Une vraie table de rêve!

Eh bien, Lily et ses amies ont joué à prendre le thé d'une manière si élégante qu'on aurait cru qu'elles arrivaient tout droit d'une autre époque. Difficile de croire qu'il s'agissait des mêmes petites filles dont les occupations favorites étaient de jouer à des jeux vidéo ou de faire les 400 coups dans la cour de récréation !

Alors, si l'idée de mon amie Alexandra vous séduit, vous pouvez écrire dans votre carnet que vous souhaitez une atmosphère élégante pour l'anniversaire de votre fille.

Liste des invités

Pour cette section, je me laisse un grand espace, parce que dresser la liste des invités est parfois un exercice assez ardu. Trop, pas assez… Paul a-t-il une nouvelle copine ? Jacques viendra-t-il si Jean-Pierre y est ? Pour m'aider, je fixe en premier lieu le nombre de personnes que je souhaite recevoir. Évidemment, il s'agit en général d'une fourchette. Par exemple, je veux inviter de 4 à 6 personnes. Puis, je fais deux colonnes : les gens que je tiens à inviter (soit parce que je leur «dois» une invitation, soit parce que c'est autour d'eux que je planifie ma réception – dans

L'art de faire une liste d'invités ne s'apprend pas grâce à des conseils : c'est l'expérience qui vous aidera.

le cas d'un anniversaire, bien sûr, mais ce peut être aussi tout simplement parce que je ne les ai pas vus depuis longtemps) ; puis j'inscris les gens qui peuvent se «greffer» autour. L'art de faire une liste d'invités ne s'apprend pas grâce à des conseils : c'est l'expérience qui vous aidera. Il est donc normal de se tromper. Ainsi, si vous vous rendez compte au cours d'une soirée que vous avez commis une erreur en invitant telle et telle personne ensemble parce qu'elles n'ont absolument aucun point commun et donc rien du tout à se dire, ou encore parce qu'elles aiment toutes deux se disputer et que donc elles rendent l'atmosphère lourde... soyez positif et dites-vous que vous êtes en train d'apprendre pour que votre prochaine fête soit parfaite !

Date de l'événement

La date de l'événement est difficile à planifier. Choisissez plusieurs dates et soyez prêt à en changer. Il y a des moments à éviter : par exemple, demandez autour de vous si la date que vous avez en tête ne coïncide pas par hasard avec un match important. Un mordu de hockey tiré de force par sa femme à un dîner mondain sera malheureux comme les pierres et ne pensera qu'à allumer la télé. Sa tête sera ailleurs et vous voulez, bien sûr, que tous vos invités soient heureux et présents à 100 %! D'autres facteurs peuvent aussi influencer le choix du jour de la réception. Demandez aux invités-clés s'ils sont libres avant d'inviter les autres. Vous pourrez déplacer une date pour certains, mais pas pour d'autres. Évitez les semaines avant des élections si vous n'avez pas envie que les discussions politiques occupent toute la soirée. Évitez les semaines de fin de session si vous invitez des professeurs ou des étudiants.

> ▶ **Quand lancer les invitations?**
>
> Pour un thé ou un repas à midi : 2 semaines à l'avance
> Pour un cocktail : 3 semaines à l'avance
> Pour un dîner formel : 6 semaines à l'avance
> Pour un dîner informel : 3 semaines à l'avance

Déco / Thème

Dans mon carnet, je réponds très brièvement à cette question. J'écris mes idées au fur et à mesure qu'elles me viennent, sans les développer. C'est pour ça que j'aime avoir mon carnet sur moi en tout temps. Tout peut m'inspirer : la vitrine d'un magasin, une pub sur un autobus... Le moment où je prendrai réellement, concrètement, la décision n'est pas encore venu. Pour y arriver, j'ai besoin d'un dossier de style.

Le dossier de style

Cette idée m'est venue en regardant travailler la coordonnatrice de mon mariage. C'est une méthode très simple. Tout d'abord, vous devez vous procurer un classeur et des séparations. Vous y recueillerez des images qui vous plaisent. Sans vous poser plus de questions. Vous pouvez, et même, je vous le recommande, commencer cet exercice avant d'avoir à planifier un événement en particulier. Au début, en effet, l'exercice consiste uniquement à cerner vos goûts. Une publicité vous interpelle? Demandez-vous pourquoi. Est-ce une couleur, l'atmosphère? Un poème peut certainement être évocateur. Une photo. Un échantillon de tissu. Collez dans votre dossier de style toutes vos inspirations. La publicité d'un film de Bollywood pourra côtoyer la photo d'une robe Burberry. Dans cette première phase, il n'y a pas d'ordre et vous ne devez pas vous imposer de balises. Vous ramassez tout ce qui vous plaît, peu importe ce qui vous y pousse. La spontanéité est de mise!

Dans un deuxième temps, mettez-y de l'ordre. Plusieurs méthodes sont possibles : à vous de choisir celle qui convient le mieux à vos trouvailles. Vous pouvez les diviser en catégories très larges : couleurs, atmosphères, tissus, papeterie, etc. Sinon – et c'est ce que moi j'ai trouvé le plus adapté à mes besoins – vous pouvez les classer selon leur utilisation. Par exemple : «pour une fête d'enfant», «pour une réception chic», «pour un buffet estival»... Plus votre dossier grossit (j'ai le mien depuis plusieurs années, imaginez l'épaisseur!), plus vous pourrez créer de sous-catégories. Par exemple, dans ma section «dîner chic», j'ai : «thème noir et blanc», «thème glamour», «thème étincelant»...

Pourquoi est-ce si important de bien les organiser? Pour pouvoir faire des recoupements. Par exemple, lorsque je me mettrai à réfléchir à la réception que je souhaite organiser pour les 40 ans de mariage de mes parents, je vais sûrement feuilleter plusieurs sections de mon dossier. Je laisserai de côté la section «enfants», mais je consulterai, par exemple, le thème «étincelant» dans la section «dîner chic», même si je prévois faire un buffet dans le jardin.

Dans votre dossier de style

Vous pouvez y écrire quelques vers d'un poème. Le premier que j'ai mis dans le mien est cet extrait de *Mandoline*, de Paul Verlaine.

> *Leurs courtes vestes de soie,*
> *Leurs longues robes à queues,*
> *Leur élégance, leur joie*
> *Et leurs molles ombres bleues*
>
> *Tourbillonnent dans l'extase*
> *D'une lune rose et grise,*
> *Et la mandoline jase*
> *Parmi les frissons de brise.*

Vous pouvez aussi y dessiner des gâteaux, y coller des recettes, des fleurs, tout ce qui vous inspire, en fait.

Échéancier

Un mois et demi avant la réception

- Établissez la liste des invités.
- Envoyez les invitations.

Un mois avant la réception

- Planifiez le menu.
- Préparez les listes d'épicerie pour la nourriture et les boissons.
- Planifiez le décor.
- Préparez la liste de matériel à acheter pour les bricolages et la déco.
- Faites l'inventaire de ce qu'il vous manque au niveau du service de table.
- Préparez la liste d'objets à acheter pour dresser la table.

Deux semaines avant la réception

- Achetez les denrées non périssables (certains aliments, les boissons, le matériel pour la déco).
- Préparez les cadeaux que vous allez offrir aux invités (sauf s'il s'agit de nourriture, bien entendu !).

Une semaine avant la réception

- Téléphonez aux personnes qui auraient eu l'étourderie de ne pas répondre à votre invitation pour savoir si oui ou non ils seront présents.
- Téléphonez au traiteur, au fleuriste, aux musiciens, etc. pour passer les commandes.

▶

- Lavez les nappes et la vaisselle dont vous aurez besoin. Astiquez l'argenterie.
- Choisissez vos CD si vous ne faites pas appel à un D.J. ou à des musiciens.

Trois jours avant la réception

- Faites le ménage en profondeur.
- Procurez-vous ce qui vous manque : papier hygiénique, savon parfumé, etc.

Deux jours avant la réception

- Achetez tous les produits frais dont vous aurez besoin.
- Mettez les jus, l'eau gazéifiée, le champagne et le vin blanc au réfrigérateur.
- Prévenez les voisins.

La veille de la réception

- Faites quelques retouches à votre ménage.
- Préparez tous les plats qui peuvent se faire d'avance.
- Achetez des fleurs et faites des bouquets.
- Décorez la maison.
- Préparez des provisions de glaçons.

Le matin du jour J

- Faites les courses de dernière minute (le pain, par exemple).
- Préparez les plats que vous devez faire le jour-même.
- Mettez la table.

L'après-midi du jour J

- Si vous n'avez pas fini de cuisiner, finissez vite ! Si certains plats doivent être mis au four, préparez-les pour n'avoir qu'à les enfourner à l'heure qui convient.
- Nettoyez la cuisine.
- Vérifiez le décor, la table et le ménage de l'appartement.

Trois heures avant l'arrivée des invités

- Prenez un bain pour relaxer. Habillez-vous, maquillez-vous.
- Disposez les hors-d'œuvre dans les plateaux.
- Ouvrez les bouteilles qui doivent respirer et mettez-les en carafe.

Une demi-heure avant l'arrivée des invités

- Mettez de la musique.
- Aérez et allumez des bougies parfumées (attention, pas dans la salle à manger, elles risqueraient de gâcher l'arôme des plats).

Dring ! Les premiers invités arrivent : vous avez tout prévu, tout est prêt et il ne vous reste plus qu'à vous amuser. Bonne soirée !

Suis-je prêt(e)?

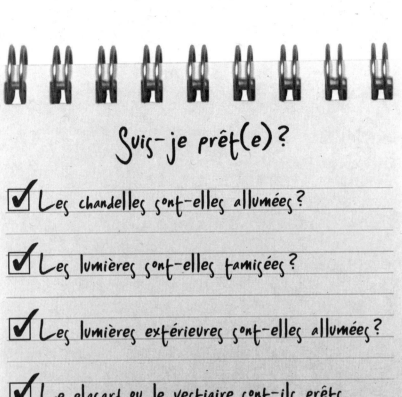

☑ Les chandelles sont-elles allumées?

☑ Les lumières sont-elles tamisées?

☑ Les lumières extérieures sont-elles allumées?

☑ Le placard ou le vestiaire sont-ils prêts à recevoir les manteaux?

☑ La musique joue-t-elle?

☑ Les plateaux de hors-d'oeuvre sont-ils en place?

Suis-je prêt(e) :

☑ habillé(e)
☑ coiffé(e)
☑ maquillée

2

▶ ▶ ▶

Créez une atmosphère

Créez une atmosphère

▼
▼
▼

Créez une atmosphère

Vous avez à présent décidé du type de réception que vous allez donner. Maintenant, comment faire pour que cet événement soit unique, pour que tous vos invités s'en souviennent longtemps? En créant une atmosphère particulière! Voici venu le temps de penser aux détails de la fête, à ce qui fera son originalité. Vous devez à présent vous asseoir et prendre le temps de rêver votre réception : quel sera le décor, l'ambiance, le style? Y aura-t-il un thème? C'est le temps, donc, de penser, de planifier et de préparer l'atmosphère de la fête.

Organisez l'espace

Préparer sa maison pour une fête, ce n'est pas seulement faire le ménage, c'est organiser l'espace, orchestrer tous les éléments de la décoration afin de créer une ambiance originale, qui reflètera votre personnalité.

Définissez l'espace dont vous aurez besoin

Lors d'une réception, inutile de rendre toutes les pièces accessibles. Pour évaluer l'espace dont vous aurez besoin, posez-vous tout d'abord quelques questions :

- Où les invités seront-ils accueillis?

- Où va-t-on prendre l'apéro?

- Où va-t-on manger?

- Y aura-t-il d'autres activités (danse, déballage de cadeaux, jeux…)? Et, si oui, où auront-elles lieu?

Chaque moment de la soirée doit être défini, planifié et doit avoir un espace approprié. En général, lorsqu'on reçoit pour un dîner, l'apéro et les hors-d'œuvre se servent au salon, puis le repas est servi dans la salle à manger. Ensuite, pour le digestif, on est de retour au salon. C'est le cas de figure le plus simple. Si, par contre, vous organisez un buffet ou une soirée, les gens ont tendance à bouger beaucoup plus. Ils sont plus souvent debout,

Fermez les portes et éteignez les lumières des pièces que vous voulez rendre inaccessibles.

donc ils déambulent partout où ils le peuvent. Voici donc votre mission : déterminer dans quels endroits ils auront la possibilité et la nécessité de se rendre. Inutile d'aller dans les chambres ou dans le bureau, par exemple. Fermez donc les portes de vos quartiers privés et, surtout, éteignez-y les lumières. Rien de moins invitant qu'une pièce obscure !

Si vous possédez un jardin, décidez s'il y a des parties de ce jardin que vous voulez rendre inaccessibles. Vous avez une piscine, mais vous ne voulez pas avoir la responsabilité d'y voir s'y baigner (ou y tomber...) des enfants ou des personnes un peu éméchées ? Indiquez-le clairement, soit en fermant la porte à clé – si votre piscine possède une clôture à l'entour –, soit en installant la toile protectrice. Le banc de bois que vous avez déniché chez un antiquaire dans une petite ruelle londonienne est idéal pour regarder les étoiles en amoureux, mais vous avez peur qu'il s'écroule si plus de deux personnes s'y assoient en même temps ? Déposez-y des pots de fleurs pour le rendre hors d'usage… et pensez à installer un autre banc à côté pour que les invités ne soient pas tentés de pousser les fleurs pour s'asseoir !

Organisez l'espace où aura lieu la réception

Une fois que vous avez déterminé quel sera l'espace réservé à votre réception, vous devez prévoir les déplacements des invités à l'intérieur de cet espace tout au long de la soirée. Ne l'oubliez pas : les « obstacles » – tels que les meubles et les portes – et les « attractions » – tels que les plateaux de hors-d'œuvre et le bar – définiront le parcours de vos invités. À vous, donc, d'organiser judicieusement les divers éléments afin de diriger vos invités sans en avoir l'air.

À vous de définir le parcours de vos invités dans l'espace que vous avez prévu.

Exercice

Prenez un calepin et un stylo. Vous allez, grâce à cet exercice, déterminer les besoins de vos invités pendant la soirée, ainsi que leurs déplacements à l'intérieur de l'espace alloué à la réception.

1- Déguisez-vous en invité(e) !

Il fait froid dehors? Mettez un manteau, des bottes. Vous prévoyez que les invités apporteront un cadeau? Prenez un objet en main. Les femmes auront des sacs à main et, peut-être, s'il neige ou s'il pleut, auront-elles un sac avec leurs chaussures ou un parapluie.

2- Mimez votre arrivée

Allez dehors, entrez (vous pouvez même sonner, pour faire plus «vrai»!). Imaginez-vous être accueilli... par vous. Quels problèmes rencontrez-vous? Vous devez enlever votre manteau et le placer quelque part. Où? Comment? Vous avez besoin que l'hôte vous débarrasse? Notez tout sur votre calepin. Vous devez enlever vos bottes : y a-t-il une chaise sur laquelle vous asseoir? Et votre cadeau, le remettez-vous à l'hôte (ou à l'hôtesse) ou bien y a-t-il une jolie table prévue à cet effet?

3- Mimez l'apéro

Imaginez l'hôte (vous!) vous conduire à l'endroit réservé à l'apéro. Les hors- d'œuvre sont-ils placés sur une table dans le fond? Dans ce cas, attention, s'il y a déjà du monde, peut-être est-elle difficilement accessible.

Notez dans votre calepin : «Avoir plus d'un plateau de hors-d'œuvre et les placer à différents endroits dans la pièce.»

4- Mimez le buffet

Ici, plusieurs questions se posent : dans quel sens disposer les plats pour qu'un embouteillage ne se crée pas? Une fois votre assiette remplie, où vous dirigez-vous pour vous asseoir? Une fois votre assiette vide, savez-vous où la déposer? Notez : «Prévoir une table où les invités peuvent déposer leurs assiettes vides» ou, s'il s'agit d'assiettes en plastique, «Prévoir une grande poubelle (à installer loin du buffet!) où les invités peuvent jeter leurs assiettes vides».

5- Mimez toute la soirée

Où pouvez-vous vous installer? Les chaises sont-elles confortables? Quel coin est propice à la conversation, à la danse, etc.?

6- Mimez votre départ

Qui ira chercher votre manteau? Y a-t-il des cadeaux pour les invités? Si oui, sont-il disposés bien en vue sur une table dressée à cet effet?

En faisant cet exercice, vous aurez une idée bien concrète des changements à apporter à votre intérieur. Y a-t-il des meubles qui gênent la progression des invités autour du buffet? Y a-t-il assez de place dans le placard pour entreposer les manteaux? Les questions surgiront d'elles-mêmes.

Les sièges

Vous devez prévoir assez de sièges pour qu'aucun invité ne soit obligé de rester debout. Mais comme il y en a toujours qui ne s'assoient pas de la soirée pour pouvoir papillonner d'un groupe à l'autre, disons que l'idéal est qu'au moins les deux tiers des invités puissent être assis en même temps.

Donc, si vous trouvez que le sofa encombre la piste de danse, déplacez-le plutôt que de l'enlever. J'aime avoir plusieurs types de sièges, plusieurs niveaux de confort. Pensez autant aux personnes plus âgées qu'aux plus jeunes. Un canapé et un fauteuil peuvent très bien être entourés de chaises d'appoint, mais si la pièce est remplie de chaises droites, l'endroit semblera d'emblée moins accueillant ! Si vous

Pour créer un petit coin cosy, installez quelques gros coussins par terre autour d'une table basse.

voulez créer un petit coin cosy, installez quelques gros coussins autour d'une table basse. D'après mon expérience, la conversation se développe de manière très différente selon que l'on est assis sur des chaises droites ou confortablement installé sur des coussins ou dans des fauteuils moelleux ! L'important est que vos invités aient le choix de différentes ambiances pour bavarder à leur aise.

Les espaces

Chaque activité doit avoir son espace bien défini. Par exemple, je trouve qu'il est primordial d'installer le bar loin des hors-d'œuvre. Avez-vous déjà remarqué que certaines personnes semblent vouloir passer la soirée devant l'assiette de crudités et trempette? D'où : embouteillage! Donc, je conseille d'installer une table spécialement pour les drinks. Veillez à y mettre suffisamment de verres, des glaçons, les bouteilles de vin et d'alcool ainsi que des drinks déjà préparés (comme un bol de punch ou des pichets de sangria, par exemple).

Attention : ne sortez pas tous les glaçons en même temps du congélateur si vous ne voulez pas qu'ils se transforment en eau! Une vérification toutes les 30 minutes (ou plus, selon l'affluence!) est nécessaire pour vous assurer qu'il n'en manque pas. Il m'arrive, bien sûr, d'acheter des provisions de glaçons pour ne pas être prise au dépourvu, mais j'aime avoir de jolis glaçons pour les cocktails. Pensez donc à vous munir de moules à glaçons de différentes formes (on en trouve en forme de cœurs, d'étoiles, etc. un peu partout) et commencez à faire geler l'eau quelques jours à l'avance. Une fois la glace prise, mettez les glaçons dans un sac en plastique ou dans le bac de votre congélateur afin de pouvoir en faire de nouveaux.

▶ Pense-bête

- Y a-t-il assez de places pour asseoir au moins les deux tiers des invités en même temps?
- Y a-t-il assez de tables où déposer verres et assiettes (dans le cas d'un buffet)?
- Y a-t-il assez d'espace pour déambuler à l'aise dans les pièces aménagées pour la fête?
- Y a-t-il des espaces déterminés pour le bar, pour les hors-d'œuvre, pour les assiettes sales, etc.?

Le ménage

Les deux pièces qui, selon moi, méritent que vous les récuriez de fond en comble sont la salle de bain et la cuisine. Ce sont deux pièces que tous les invités visiteront certainement et où l'éclairage ne pardonne pas !

La salle de bain

Tous les invités s'y rendront certainement au courant de la soirée : il est donc absolument primordial qu'elle soit impeccable. Un lavage en profondeur s'impose. Et un grand rangement. Mettez dans les placards les produits de beauté que vous laissez en général sur les comptoirs. Tout ce qui devrait être à la vue, c'est : un savon neuf (rien de moins avenant qu'un savon gluant à moitié entamé !) au parfum frais (évitez les parfums trop lourds ou floraux qui ne plairont pas aux hommes – préférez des odeurs fraîches comme le vétiver, la verveine, le tilleul ou les agrumes) et – très important ! – une lotion hydratante pour les mains, de préférence sans parfum. La serviette doit être jolie, propre et bien en évidence. Prévoyez des rouleaux de papier hygiénique supplémentaires, facilement accessibles. Vous pouvez également allumer une bougie parfumée (encore là, attention aux parfums trop lourds et, surtout, faites attention à ne pas la placer sous un store ou un rideau qui pourrait s'enflammer). Placez à côté une jolie boîte d'allumettes.

La cuisine

Les invités se rendent presque toujours à la cuisine. Si ce n'est pas pour donner un coup de main, c'est pour y chercher un verre d'eau ou autre chose. Évitez de leur donner l'impression que la nourriture a été préparée dans un endroit où la propreté laisse à désirer!

Les autres pièces

Quant aux pièces où se déroulera la réception, il est important qu'elles soient en ordre, bien sûr, mais je considère de moindre importance le lavage des planchers et l'époussetage des étagères. Une fois les lumières tamisées, la dernière chose que remarqueront vos invités, c'est la poussière… dans des proportions raisonnables! Toutefois, il est primordial que vous débarrassiez toutes les surfaces des objets superflus. Exit les piles de magazines et les bibelots fragiles! Vous *Il est primordial que toute votre maison soit en ordre.* ferez ainsi de la place pour que les gens déposent leurs verres et la pièce aura l'air préparée pour la fête.

Et les pièces fermées? Elles doivent aussi être impeccables. Même si vous n'avez pas l'intention de faire visiter votre bureau ou votre chambre à coucher, il faut être prêt à toute éventualité. Par exemple, quelqu'un se sent mal et doit aller se reposer : vos bonnes manières ne feront-elles pas que vous lui proposerez d'aller s'étendre au calme dans votre chambre? Il serait alors gênant de lui faire partager le désordre de votre intimité…

Le décor

Quand je reçois, j'aime que ma maison soit sur son trente et un. Planifier les éléments de décoration, c'est décider de l'ambiance, du style et du niveau de formalité de la fête. Alors, vous comprendrez que je considère le moment où je décide du décor comme un moment crucial de la planification de ma réception.

La formalité

Bien entendu, on ne décore pas une pièce de la même manière quand on reçoit des amis intimes pour un brunch ou quand on reçoit une centaine de personnes pour l'anniversaire de mariage de ses parents! Donc, la première chose à établir est le niveau de formalité de l'événement. Simple? Pas toujours.

Arrêtez-vous à réfléchir au degré de formalité que vous voulez donner à votre réception. Simple? Pas toujours.

Bien sûr, quand la liste d'invités inclut le maire, le premier ministre ou le gagnant du prix Nobel de la paix, la question est vaguement superflue… Mais à d'autres moment, il vaut la peine de s'arrêter à réfléchir au degré de formalité que l'on veut donner à sa réception.

Un repas convivial

Un exemple de repas convivial? Un dîner avec mes deux meilleures amies, Natasha et Sabrina, leurs maris et leurs enfants. J'avais décidé ce jour-là de leur servir leur plat préféré : mon superbe Parmentier de canard, celui qui a contribué à ma réputation de cuisinière hors pair, celui dont on se souvient encore des années après l'avoir goûté, celui qui... Bref, ce Parmentier de canard est idéal pour un repas familial car les enfants raffolent de ce «pâté chinois» hors de l'ordinaire. Le goût sucré de la patate douce se marie à merveille avec le salé du confit. C'est une recette extrêmement facile et rapide à faire et, comme on peut le préparer d'avance, je n'ai pas à me retirer à la cuisine une fois que mes invités sont arrivés. De plus, je peux passer le plat directement du four à la table. Vous avez l'eau à la bouche? Tournez la page pour en lire la recette...

Mon superbe Parmentier de canard

Recette pour 8 personnes

Ingrédients :

6 cuisses de canard confites
2 oignons
2 échalotes grises
1 c. à thé de thym
3/4 de tasse de vin blanc
3 grosses patates douces
1 grosse pomme de terre
2 c. à soupe de beurre
10 cl de crème 15 %
Sel, poivre du moulin
Quelques brins de ciboulette

Marche à suivre :

- Faites cuire à la vapeur les patates douces et la pomme de terre. Écrasez-les ensemble avec un presse-purée, puis ajoutez le beurre et la crème. Salez et poivrez au goût (attention, pas trop de sel : pensez que le confit est déjà très salé!). Réservez.
- Désossez les cuisses de canard confites et émiettez la viande. Émincez les oignons et les échalotes. Dans une grande sauteuse, faites revenir l'oignon et les échalotes dans une cuillerée de gras de canard que vous aurez prélevée dans la boîte du confit. Ajoutez la viande, puis le thym. Ajoutez le vin. Lorsque l'alcool s'est évaporé, baissez à petit feu et ajoutez de l'eau (environ 1 tasse et demie). Laissez mijoter une demi-heure.
- Préchauffez le four à 350 °F.
  Dans un plat en pyrex ou – c'est tellement plus joli! – dans un plat de fonte émaillée, étendez la viande puis recouvrez-la de la purée. Avec une fourchette, faites des sillons dans la purée (afin que celle-ci dore plus sur les pics et crée un joli «paysage»). Enfournez pour 15 minutes ou jusqu'à ce que le dessus soit doré et croustillant (au besoin, passez quelques minutes sous le gril).
- Parsemez de ciboulette hachée et servez brûlant accompagné d'une salade verte.

Miam… Mais revenons à notre sujet : le décor qui crée l'atmosphère. Un repas entre amis intimes, avec des enfants qui courent partout, ne demande pas, bien sûr, que vous déployiez tous les trésors de votre imagination, mais veillez à créer certains détails, qui feront la différence… Convivialité n'exclut pas coquetterie ! Voici donc quelques idées pour créer une atmosphère empreinte de simplicité – avec un zeste de folie ! – et, surtout, pour que vos invités soient à l'aise tout en sentant que vous avez pris soin de préparer la soirée pour eux.

Lignes directrices pour un repas convivial

Dressez la table avec simplicité

Pas de petits plats dans les grands ! Une jolie nappe (j'affectionne particulièrement les motifs provençaux pour ce genre de dîner : à la fois simples et pleins de charme !) et quelques fleurs, comme des gerberas ou des marguerites… Pour les plats de service, la terre cuite, la fonte émaillée et le grès sont les favoris. Rangez votre argenterie !

Pensez aux enfants

Si les adultes doivent pouvoir s'asseoir confortablement, les enfants, eux, doivent pouvoir bouger et s'amuser… Prévoyez des jeux pour qu'ils laissent (peut-être !) leurs parents bavarder tranquillement. Il ne faut pas qu'ils se sentent de trop. Ayez quelques ballons avec lesquels ils pourront repartir. S'il y a des tout-petits, enlevez les tables à coins pointus où ils pourraient se blesser, les bibelots fragiles ou dangereux et couvrez les prises de courant.

Prévoyez l'imprévu !

Lors de ce genre de réception, il vaut mieux ne pas vouloir tout contrôler. L'improvisation est de mise ! Acceptez tout imprévu avec bonne humeur !

Idées déco

Pour un repas convivial, je choisis souvent d'utiliser le papier comme élément de décoration principal. C'est un matériau simple, comme la fête que je prépare. Il est facile à utiliser, il n'est pas cher et il crée une atmosphère gaie et sans chichis.

Les guirlandes

J'aime suspendre des guirlandes dans le vestibule pour accueillir mes invités. Ils se sentent tout de suite l'esprit à la fête et oublient leurs soucis à l'extérieur. Pour réaliser des guirlandes de papier, il faut impérativement retomber en enfance! Si vos cours d'arts plastiques de l'école primaire ne sont plus qu'un souvenir brumeux, voici comment faire.

Matériel :

- Papier : ce peut être du papier de construction de couleur ou alors du papier d'emballage (j'adore l'effet créé par des guirlandes entrecroisées faites à partir de papiers aux motifs différents !), ou encore du papier de soie.

- Ciseaux

Marche à suivre :

- Pliez le papier en accordéon. Le nombre de plis est égal au nombre de formes qu'il y aura dans votre guirlande.

- Choisissez une forme qui vous plaît : poisson, étoile, fleur, chat, etc.

- Dessinez la forme sur le papier, de façon à ce qu'elle touche aux deux extrémités.

- Découpez en suivant la ligne que vous avez tracée. Attention, vous devez laisser une partie non coupée de chaque côté !

- Dépliez.

Le centre de table

Le centre de table le plus classique est sans nul doute un bouquet de fleurs. Voici donc comment fabriquer des fleurs en papier, toutes simples.

Matériel :

- Papier : choisissez du papier de construction, d'emballage ou de soie. Variez les couleurs et les motifs.
- Ciseaux
- Agrafeuse
- Ruban gommé
- Baguettes de bois

Marche à suivre :

- Découpez des carrés ou des rectangles de différentes grandeurs.

- Pliez chaque feuille en accordéon.

- Pliez-la ensuite en deux afin de marquer le centre.

- Agrafez au centre (l'agrafe doit être perpendiculaire à la longueur du papier).

- Arrondissez les côtés en coupant un quart

de cercle à chaque extrémité.

• Ouvrez la fleur en éventail et collez les côtés avec du ruban gommé.

• Placez la fleur au bout d'une baguette en bois (choisissez des baguettes de longueurs différentes afin de donner du volume à votre bouquet) et faites-la tenir en place à l'aide de ruban gommé.

• Piquez vos fleurs dans un joli vase rempli de sable.

Les napperons

La table est ce que vos invités auront sous le nez toute la soirée, alors il est important qu'elle soit agréable à regarder. Je mets habituellement une nappe quand je reçois. Mais, pour un repas convivial, des napperons (on dit aussi sets de table) font fort bien l'affaire. J'aime les fabriquer moi-même, en papier : des napperons jetables, originaux et faits sur mesure pour chaque occasion ! Je les place par-dessus la nappe ou directement sur la table.

Matériel :

• Papier : choisissez un papier épais, légèrement ciré : il sera plus résistant et les taches seront moins visibles.

• Ciseaux

• Crayon

Marche à suivre :

• Trouvez la forme qui vous plaît. Cercle, fleur, cœur,

étoile... votre imagination est la seule limite. Voici quelques exemples simples à réaliser.

- Faites-vous un patron avec du papier de construction ou du carton.

- Déposez le patron sur le papier que vous avez choisi et découpez vos napperons en suivant le contour du patron. Le tour est joué!

Un repas chic

Pour fêter Noël, j'ai invité exactement les mêmes personnes. Mais, pour cette fête, j'ai envie de décorum. Je veux donner une ambiance chic à ma soirée. C'est par le décor que j'établis d'emblée le degré de formalité de ma réception. Ainsi, sans qu'on ait besoin de le leur dire (ou presque!), les enfants comprendront qu'ils ne peuvent pas se permettre les mêmes folies que lors d'un repas convivial. S'ils ont une petite

C'est par le décor que j'établis d'emblée le degré de formalité de ma réception.

table à eux dressée aussi élégamment que celle des grands, des serviettes en tissu, un centre de table (bien sûr, pas de chandelles pour eux!), les petits plats dans les grands... ils comprendront d'eux-mêmes qu'on les considère aussi importants et donc aussi responsables que les grands.

Idées déco chic

Pour un Noël chic, je vous propose des décorations étince-
lantes sur un fond en noir et blanc. Quand vous choisissez
un thème de couleurs, vous pouvez demander à vos
invités de s'habiller dans les mêmes tons. L'effet – comme
vos photos – sera magnifique!

Des invitations étincelantes

 Matériel :

- Papier
- Rubans
- Ciseaux
- Colle

Marche à suivre :

- Vous aurez besoin de deux types de papier. Un blanc
  plus épais et un autre, mince et brillant. J'ai choisi du
  doré pour cette réception. Vous pouvez, bien sûr,
  adapter ce faire-part à vos goûts et choisir, par exemple, un papier vénitien, de couleur unie ou givré. Pour
  le papier épais, j'aime bien choisir un papier qui ne soit
  pas tout à fait blanc, mais plutôt écru, qui se marie très
  bien avec le doré. J'aime aussi que le papier soit légèrement texturé.

- Achetez du ruban doré. Pour cette invitation chic, je
  recommande l'organza ou la soie.

- Sur votre ordinateur, rédigez le texte de votre invitation.
  Attention à la mise en pages (il faut que la fonte soit
  assez petite pour que votre texte entre sur un carré de
  10 cm x 10 cm). Et, surtout, attention aux fautes
  d'orthographe!

- Imprimez le texte sur du papier écru.

- Découpez un carré de 10 cm x 10 cm contenant le texte.

- Découpez un rectangle de papier écru sans texte de 27 cm x 15 cm.

- Découpez un carré de papier doré de 12 cm x 12 cm.

- Collez le carré de papier doré au centre du grand rectangle.

- Collez le papier avec texte au centre du carré doré.

- Pliez les deux extrémités du rectangle vers l'intérieur (7 cm de chaque côté)

- Nouez le ruban autour de votre faire-part.

Le chemin de table

J'aime l'élégance qu'apporte le chemin de table. Il allonge la table car l'œil glisse dessus et l'on a une impression de grandeur. Je m'en sers très souvent lors de dîners chic. Cependant, pour celui-ci, j'ai opté pour un «faux» chemin de table... Je m'explique. J'ai choisi de parsemer le centre de la table – là où on installe le chemin de table – de minuscules étoiles dorées. Des paillettes peuvent également faire un très joli effet.

Les bougies

Des bougies sur la table créent une atmosphère intime et chaleureuse. Le truc pour avoir des bougeoirs adaptés à chaque changement de décor? Procurez-vous des petits photophores ou encore des vases transparents carrés ou rectangulaires. Collez (à l'extérieur) un papier de soie aux motifs qui vous plaisent dans les tons choisis pour votre réception. Cette fois-là, j'ai opté pour des arabesques dorées. Placez une bougie à l'intérieur et le tour est joué! Vous n'avez qu'à changer de papier et de motifs pour changer de bougeoir à chaque occasion. Un détail : ne choisissez pas des bougies parfumées, qui nuiraient à l'arôme des plats.

Des plats qui font la déco!

La nourriture a une couleur. Utilisez-la comme élément de décoration. Pour cette réception, j'ai choisi le doré, le noir et le blanc. Des idées de doré? Champagne, cognac, armagnac, foie gras, caramel. Vous pouvez également parsemer certains plats de feuilles d'or comestibles. Pour le noir? Caviar, truffes, chocolat. Pour le blanc? Poisson, meringues, dragées… De la nourriture en noir et blanc? Fromages cendrés, pâtes fantaisie rayées – papillons, tagliatelles, etc. – qui sont colorées à l'encre de seiche. Alternez la vaisselle noire ou blanche, selon le plat. Par exemple, un gâteau au chocolat noir sera mis en valeur sur une assiette blanche et un poisson blanc prendra tout son éclat sur une assiette noire.

Menu en noir et blanc

En amuse-bouche...

Les bouchées de caviar sur blinis

En entrée...

La terrine d'escalopes de foie gras
et de lotte aux shitakés

En plat de résistance...

Les cailles aux raisins noirs servies sur
un nid de papillons noirs et blancs

Comme suite...

Plateau de fromages

Pour finir...

Croquembouche

Terrine d'escalopes de foie gras et de lotte aux shitakés

Recette tirée du livre *Le foie gras au Québec*,
par Jacques Cerf, aux Éditions Carte Blanche

Ingrédients :

8 escalopes de foie gras (1 à 2 cm d'épaisseur),
environ 400 g en tout.
1 kg de lotte
mélange de 300 ml de saké, 1550 ml de mirin et 300 ml d'eau
7 g de gélatine en poudre
250 g de shitakés frais équeutés
sel et poivre

Marche à suivre :

• Coupez des escalopes de 1 à 2 cm d'épaisseur dans un foie gras bien froid, tout juste sorti du réfrigérateur, avec un couteau de cuisine à lame longue et fine. Gardez-les au frais. Nettoyez bien la lotte et coupez-la en tranches transversalement pour obtenir 8 belles darnes.

• Enlevez les queues des champignons, qui sont généralement trop dures.

• Dans une casserole, faites cuire les champignons dans le mélange de saké, de mirin et d'eau pendant 15 minutes.

• Retirez les champignons et séchez-les sur du papier absorbant. Portez ce bouillon à ébullition et arrêtez le feu.

• Déposez les darnes de lotte dans le bouillon et laissez refroidir pendant une demi-heure, couvercle fermé, ce qui suffira à cuire le poisson.

• Placez les morceaux de lotte dans un plat et laissez-les reposer d'abord au frais puis au réfrigérateur.

• Faites réchauffer 500 ml du bouillon ayant servi à cuire les champignons et la lotte et passez-le à travers un filtre à café en papier de façon à avoir un bouillon clair.

• Prélevez-en un demi-verre dans un bol et mélangez bien, puis versez le mélange dans le bouillon.

- Ajoutez la gélatine dans le bol et mélangez bien puis versez le mélange dans le bouillon. Arrêtez le feu sous la casserole. Mélangez encore pour bien dissoudre toute la gélatine. Réservez hors du feu.

- Passez les escalopes, sans matière grasse, à la poêle des deux côtés à feu moyen pour qu'elles soient cuites uniformément et à peine dorées à l'extérieur. Salez et poivrez.

- Mettez un couvercle sur la poêle hors du feu pendant 10 minutes pour qu'elles finissent de cuire. Laissez reposer au frais.

- Dans une terrine, déposez en alternance les escalopes, les champignons et les morceaux de lotte et versez à mesure le bouillon tiède contenant la gélatine.

- Finir avec le reste du bouillon de façon à bien recouvrir.

- Mettez le tout au réfrigérateur pour la nuit.

- Au moment de servir, trempez la terrine dans de l'eau chaude une ou deux minutes pour démouler plus facilement.

- Déposez la terrine dans un plat de service et découpez délicatement des tranches d'environ 2 cm.

Photo : Jacques Cerf

L'ambiance

L'important, c'est de décider de l'ambiance que vous voulez donner à votre fête et d'organiser la décoration en fonction de votre choix. Prenez des exemples extrêmes. En tant qu'invité, vous pénétrez dans un salon aux lumières tamisées. Un bâton d'encens fume sur une table basse et des coussins sont disposés tout autour. La musique, en sourdine, évoque des paysages lointains... Aurez-vous envie de crier et de danser? Probablement pas! Vous parlerez doucement, vous deviendrez aussi zen que le décor. Au contraire, si vous entrez dans une pièce où ballons multicolores côtoient lanternes chinoises et guirlandes de fleurs et où résonne une musique vibrante, vous aurez probablement envie de danser, de parler fort et de rire aux éclats. Ainsi, en choisissant le décor de votre fête, vous en choisissez également l'atmosphère.

Vous deviendrez aussi zen que le décor...

L'éclairage

Lors de la planification de votre réception, vous devez évaluer quels sont vos besoins en lumière. N'oubliez pas que la clé pour une ambiance chaleureuse, c'est l'éclairage. Il ne doit surtout pas être trop fort. Évitez les néons, qui donnent une teinte verdâtre et fatiguent les yeux. Si vous avez des gradateurs sur vos lampes, parfait. Sinon, oubliez-les. Vous ne devriez jamais utiliser un plafonnier lors d'une réception. Condamnez-le pour la soirée et remplacez-le par des lampes sur pied ou sur table avec des ampoules moins fortes, que vous dirigerez vers le plafond. Une lumière qui se reflète au plafond donne de la douceur aux traits tandis qu'une lumière qui vient directement d'en haut creuse les cernes et accentue les rides. Si vous avez créé des petits coins aux ambiances différentes (par exemple, un petit coin de coussins à même le sol et un autre avec des chaises droites), adaptez l'éclairage en conséquence. Plus la lumière sera tamisée, plus l'ambiance sera intime et feutrée. Pour des soirées dansantes, il est amusant de placer des gels de couleur sur les lampes : bleu, rouge ou jaune (en vente dans les boutiques de matériel de photographie ou de cinéma).

Les chandelles apportent une touche chaleureuse lors d'une réception. Et leur lumière est très flatteuse ! Première mise en garde : attention au risque d'incendie. Placez toujours vos chandelles dans des endroits dégagés, jamais en dessous ou à côté d'un rideau (un courant d'air et c'est le feu !) ou d'une plante. Un truc : notez à quels endroits vous les avez placées. Ainsi, vous n'oublierez pas d'en éteindre une avant d'aller vous coucher. Deuxième mise en garde : utilisez les chandelles parfumées avec parcimonie. Jamais dans la salle à manger : le parfum gâcherait l'arôme des plats ! Non plus dans le salon si c'est là que vous servez les hors-d'œuvre et

Notez à quels endroits vous avez placé les chandelles : ainsi, vous n'oublierez pas d'en éteindre une avant d'aller vous coucher.

l'apéro. Vous pouvez attendre de revenir vous asseoir au salon, après le repas, pour les allumer. La salle de bain, les couloirs et le hall d'entrée sont des endroits propices aux ambiances parfumées.

Idées déco pour bougeoirs

Décorez vos bougeoirs avec du papier de soie

Comme nous l'avons vu, un papier de soie de couleur ou à motifs, collé à l'extérieur d'un vase ou d'un photophore carré ou rectangulaire, tamise la lumière. Faites de même avec vos bougeoirs : une manière simple et peu coûteuse de les transformer selon le style de chacune de vos réceptions.

Bougies flottantes

Les bougies flottantes donnent un air raffiné à n'importe quelle table. Choisissez de petits bols pour les centres de table : entre deux convives qui se font face, elles gêneraient la vue. Par contre, si vous voulez en installer ailleurs, utilisez de grands vases remplis d'eau aux deux tiers pour y faire flotter vos chandelles. Chic assuré !

Fabriquez un bougeoir avec une boîte de conserve

Matériel :

- Boîte de conserve vide
- Clou
- Marteau
- Chandelle

Marche suivre :

- Lavez avec soin une boîte de conserve vide. Décollez l'étiquette.
- À l'aide d'un clou et d'un marteau, faites de petits trous dans la boîte. Choisissez des formes – des étoiles, des cercles... – ou optez simplement pour des petits trous disséminés par–ci par–là.
- Installez une chandelle à l'intérieur.

Fabriquez un bougeoir avec un fruit

N'importe quel fruit dur peut se transformer en bougeoir, une pomme par exemple. J'aime beaucoup me servir d'un sharon, qui est une variété de kaki, mais qui est beaucoup plus ferme. C'est un fruit que je trouve très design, mais on n'en trouve pas à l'année. À l'aide d'un petit couteau, creusez sur le dessus un trou juste assez grand pour faire tenir un brûleur. Si votre fruit n'est pas stable, mettez-le dans un bol d'eau : vous aurez une chandelle flottante !

La musique

La musique est un élément primordial pour créer l'ambiance de votre réception. Ne commencez jamais une fête sans ambiance sonore ! Mettez de la musique avant même l'arrivée de vos invités. Le volume doit varier selon les moments de l'événement. Au moment de passer à table, par exemple, je la mets en sourdine afin qu'elle devienne un fond sonore. Aussi, j'évite les chansons pendant le repas : elles rendent les conversations plus difficiles à entendre.

Les fleurs

Selon le type de fleurs que vous choisissez, vous apporterez raffinement ou fantaisie à votre réception. Vous pouvez en disséminer un peu partout dans la maison. Un petit bouquet à l'entrée, quelques fleurs sur la table… J'aime particulièrement poser un gerbera à la tige coupée très court dans un petit bol d'eau. J'en place ainsi quelques-uns à intervalles réguliers sur la table. C'est une décoration très simple, peu coûteuse et vraiment charmante. Mais on peut aussi décider de décorer en grand et de mettre des fleurs partout! Si vous dressez une table dans le jardin, je vous conseille de commander à votre fleuriste une guirlande de fleurs que vous suspendrez au bord de la table. Demandez des fleurs simples – des œillets, par exemple – sinon, cette décoration risque de défoncer votre budget! On peut en suspendre au plafond, accrocher des bouquets aux murs… Les fleurs sont belles partout!

Quelles fleurs choisir?

Pour une soirée raffinée

Des lys. Attention à l'odeur capiteuse du lys : n'en mettez jamais sur la table! Sinon, il existe une variété de lys asiatiques, un peu plus petits, qui n'ont aucune odeur.

Pour une soirée romantique

Des roses. Si je reçois au jardin, j'aime étaler par terre des pétales de roses. On peut ainsi tracer un chemin jusqu'à l'endroit où aura lieu un toast particulièrement important, par exemple, ou l'endroit d'où la vue est imprenable.

Pour une réception estivale

Des pivoines. Ma fleur préférée! Si je m'écoutais, j'en mettrais partout! J'en dispose de gros bouquets sur les tables. J'aime bien en piquer une dans les cheveux de chacune de mes invitées... Je me promets d'organiser un jour une réception en l'honneur de cette fleur somptueuse!

Pour une réception champêtre

Des marguerites, de la bruyère, de l'allium, des fleurs de wax... Pour ce type de réception, les mélanges de fleurs sont particulièrement bienvenus. Pour que votre maison se transforme en un champ de fleurs sauvages!

Pour une réception classique

Des hydrangées. Elles existent en différents tons pastel. Placez-les dans de grands vases, en bouquets serrés.

Pour une réception conviviale

Des gerberas. J'aime la naïveté qui émane de ces fleurs aux contours très purs. Les gerberas ressemblent presque à des dessins d'enfant. Je craque particulièrement pour les gerberas à cœur noir.

Pour une réception ultra-chic

Des orchidées. Pour une élégance exotique, les orchidées se disposent dans des vases très longs et très étroits. Une ou deux branches suffisent pour donner du chic à une table.

La papeterie

L'invitation

Pour établir à l'avance le ton de la soirée, envoyez des invitations. Le carton d'invitation est la première impression que vos invités auront de votre soirée et il est donc important qu'il campe tout de suite l'ambiance. Les gens comprendront qu'ils doivent faire attention à leur tenue. J'aime particulièrement les invitations traditionnelles, envoyées par la poste, parce qu'elles laissent aux invités plusieurs jours pour attendre la fête avec impatience, pour la rêver... (Bien sûr, il faudra que votre

réception soit à la hauteur!) Vous pouvez consulter des spécialistes pour réaliser vos invitations, mais rien ne vous empêche de les fabriquer vous-même.

Le menu et les cartons de table

Pour dresser une table raffinée, n'oubliez pas les menus et les cartons de table. Vous les choisirez du même style que les invitations : toute la papeterie doit s'agencer. Vous pouvez appuyer le menu contre les verres ou le déposer

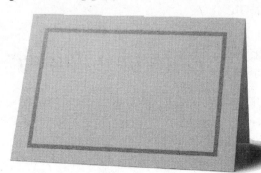

dans chaque assiette. Les cartons de table sont très pratiques car ils vous permettent de décider à l'avance où seront placés les invités.

Le thème

Que vous receviez quelques amis pour un dîner à table ou une centaine de personnes pour un mariage, voici un conseil qui vous aidera dans la conception de votre décor : optez pour un thème. Souvent, quand on pense thème, on pense soirée excentrique ou carrément fantaisiste… Mais on oublie qu'un thème peut être très simple, très discret, comme une forme ou une couleur. C'est une manière d'harmoniser tous les aspects de la réception : menus, décor, invitations, musique… Il ne faut pas oublier qu'on a parfois recours à un thème sans en être conscient : par exemple, on agence la couleur de la nappe à celle des chandelles. L'effet est harmonieux, élégant : on a opté pour un thème de couleur! Choisir un thème, c'est se donner des lignes directrices à suivre pour la déco de sa réception. Ça facilite les choses, en quelque sorte!

Choisir son thème

Tout d'abord, il faut décider quelle place prendra le thème dans la réception : sera-t-il à l'avant-plan ou à peine esquissé (peut-être même passera-t-il inaperçu pour la plupart des convives)? Lorsqu'on choisit un thème, il faut d'abord penser à sa faisabilité. On a parfois des idées de grandeur… Moi, par exemple, j'ai toujours rêvé d'avoir du sable sur le plancher de mon salon, une cascade d'eau de

Pensez à évoquer plutôt qu'à illustrer.

source qui descend de la mezzanine et des lampes chauffantes pour évoquer Tahiti…. Un jour, peut-être? Si vous avez des moyens illimités, foncez! Mais si ce n'est pas le cas, un conseil : évitez les projets trop ambitieux. Quoi de plus pathétique qu'un carré de sable qui se répand à force de marcher dedans et à travers lequel on voit apparaître la marquetterie ! Faites simple. Pensez à évoquer plutôt qu'à illustrer. Évoquer Tahiti, ce peut être, par exemple, une fleur exotique comme centre de table. C'est une ambiance sonore de bruit de vagues, ce sont des guirlandes de fleurs odorantes qui tombent du plafond...

En panne d'inspiration ?

Pour mon mariage, j'ai fait appel à une coordonnatrice de mariage. La regarder travailler m'a grandement inspirée ! Depuis, quand je cherche à créer un thème pour un événement, je pense toujours à sa méthode de travail.

Achetez-vous un gros cahier à spirales. Dedans, notez tout ce qui vous inspire. Tout ce que vous aimez. Vous pouvez noter des phrases, des poèmes évocateurs, vous pouvez faire des croquis, coller des images, des photos. Quand je commence une recherche, j'aime feuilleter des magazines pour m'inspirer. Il m'arrive même de coller dans mon cahier une publicité de produits de beauté, pas pour le message publicitaire, mais à cause d'une couleur ou d'une atmosphère qui me plaît et que j'ai envie de recréer. Je peux aussi y coller des échantillons de tissus, des rubans... J'aime aussi laisser aller mon imagination et dessiner des gâteaux, des bouquets de fleurs, et ce, même si je ne suis pas un as en dessin ! Le principal, c'est que ça évoque quelque chose pour moi. Pour plus d'information sur ma méthode de travail, retournez à la page 13.

Votre thème : quelques idées

Pour vous inspirer, voici des pistes de réflexion pour vous aider à déterminer le thème à mettre en scène pour votre réception.

• Un thème peut être un film ou un livre :
Les 1001 nuits, Breakfast at Tiffany's, Cendrillon, Tarzan, The English Patient, A Room with a View, Marie-Antoinette...

• Ce peut-être aussi un événement :
Le carnaval de Venise, les bacchanales romaines, le tour de France, le Grand Prix, les Oscars...

• Une époque :
Le Moyen Âge, les années 1920, les années 1950, les années 1980, les années rock'n roll...

• Un style :
Le glamour hollywoodien, les hippies, le style victorien, romantique ou champêtre...

• La nature :
Les marguerites, les papillons, les agrumes, les félins...

• Un pays :
La Grèce, en bleu et blanc, l'Irlande, en vert, la France en bleu, blanc, rouge, l'Égypte des pharaons, le Kenya et l'ambiance safari...

• Ou simplement une couleur ou un agencement de couleurs :
Noir et blanc, rose et rouge, lavande et chocolat, couleurs néon, or et argent...

Exemples de thèmes

Un repas convivial entre amis au milieu de l'hiver…

Le thème : tropical !

L'année dernière, l'hiver a été rude. Il faisait − 30 °C dehors depuis plusieurs jours et tout le monde avait le blues du mois de février. Ce dont on avait besoin? De soleil et de bonne humeur. J'ai donc décidé d'inviter tous mes amis dans le Sud! Je leur ai envoyé une invitation un peu spéciale sur laquelle ils pouvaient lire qu'ils étaient conviés à me rejoindre sous le soleil des Caraïbes… dans mon salon!

Invitation au voyage

Pour ce dîner, j'ai créé des faire-part évoquant le voyage : une invitation-avion !

Samedi 1er mai !

Invitation-avion

Matériel :

- Papier : feuilles 8½ x 11

Marche à suivre :

- Sur un format de papier 8½ x 11, imprimez d'Internet ou photocopiez en couleur des cartes géographiques.

- Pliez la feuille dans le sens de la longueur. Dépliez–la. Vous avez ainsi identifié le milieu.

- Repliez les coins vers le centre.

- À nouveau, repliez vers la ligne de milieu. Pliez en deux.

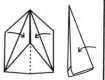

- Pliez un côté vers le bas. Puis, faites de même de l'autre côté. Déployez les ailes de l'avion.

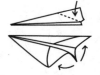

- Sur les ailes, inscrivez les informations utiles : la date de votre réception et votre numéro de téléphone.

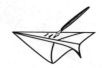

Tout d'abord, le déroulement de la soirée : les invités étaient priés de laisser tout ce qui a trait à l'hiver dans l'entrée. J'y ai installé des tapis pour mettre les bottes, une patère pour accrocher les manteaux. Puis, j'ai suspendu un rideau de billes multicolores à l'entrée du salon. Je voulais que les invités sentent qu'en le traversant, ils arrivaient dans un autre pays !

Rideau de perles

Matériel :

- Grosses perles de toutes les couleurs
- Une tringle de la largeur du cadre de porte
- Fil à pêche, corde ou petite chaîne

Marche à suivre :

- Attachez le fil sur la tringle et déroulez-le jusqu'à la longueur désirée.
- Enfilez les perles. Plus les perles que vous aurez choisies seront grosses, plus rapide sera cette étape !
- Recommencez le nombre de fois désiré ! Ce peut être cinq comme cinquante. À vous de décider de l'effet souhaité.

Dans le salon, j'avais mis par terre des tapis verts, du style «faux gazon» que l'on mettait sur les balcons dans les années 1970 (en vente dans les grandes quincailleries). Puis, j'avais installé un peu partout des grands vases remplis de virevents aux motifs multicolores, que j'avais fabriqués moi-même.

Virevents

Matériel :

- Papiers de toutes les couleurs et avec tous les motifs que vous pouvez trouver
- Ciseaux
- Colle
- Punaises
- Baguettes de bois

Marche à suivre :

- Coupez des carrés de diverses dimensions.

- Collez deux papiers dos à dos.

- Pliez chaque carré en diagonale. Dépliez. Faites pareil pour la deuxième diagonale. Vous avez ainsi identifié le centre.

- Sur chaque pli, coupez jusqu'aux deux tiers.

- Ramenez une pointe sur deux au centre et fixez-les à l'aide d'une punaise.

- Fixez sur une baguette en bois avec la même punaise.

Et maintenant, de la musique des îles, des acras de morue et un verre de ti-punch! De quoi se réchauffer!

 Ti-punch

Le ti-punch est une institution en Martinique. Pour qu'ils s'imaginent sous le soleil des Antilles, recevez vos invités en leur servant ce délicieux cocktail!

Ingrédients (par verre) :
1/2 mesure de sirop de canne (10 ml)
1/4 de citron vert
4 mesures de rhum blanc agricole (80 ml)

Marche à suivre :

- Versez le sirop de canne dans un verre.
- Pressez le citron dans le sirop.
- Versez le rhum et remuez doucement.
- Dégustez!

Remarques :

- Meilleur est le rhum, meilleur sera le ti-punch! Utilisez un rhum blanc agricole. Le rhum agricole provient de la fermentation du jus de canne à sucre, tandis que le rhum de sucrerie provient de la fermentation de mélasses résultant de la fabrication du sucre de canne.
- À la place du sirop de canne, vous pouvez utiliser du sucre de canne en poudre.
- N'oubliez pas : seuls les touristes ajoutent des glaçons!
- Dernière chose : prononcez «tiponche».

Acras de morue

Recette pour 8 personnes

Ingrédients :

400 g de farine
2 verres d'eau
4 gousses d'ail
1 c. à thé de bicarbonate de soude
2 oignons
8 oignons verts
1 piment fort
Persil
400 g de morue salée

Marche à suivre :

- Faites tremper la morue dans de l'eau pendant 3 heures afin de la dessaler.

- Faites bouillir la morue pendant 30 minutes.

- Retirez la peau et les arêtes. Émiettez sa chair et réservez.

- Hachez l'oignon, les oignons verts et l'ail. Ciselez le persil. Coupez le piment en petits dés.

- Dans un grand bol, mélangez la farine et l'eau. Battez bien avec un fouet pendant que vous incorporez le liquide afin d'éviter les grumeaux.

- Ajoutez les légumes puis le poisson.

- Ajoutez le bicarbonate de soude.

- Modelez de petites boules allongées avec cette pâte.

- Dans une grande poêle, faites chauffer l'huile. Lorsque celle-ci est très chaude, faites frire les acras. Quelques minutes de chaque côté suffisent. Servir chaud.

Voici venu le moment de passer à la salle à manger. Comme déco, j'ai fait simple : des fleurs. Des amaryllis, que j'ai suspendues au plafond à des fils transparents au-dessus de la table. Quelques-unes, à la tige coupée, flottent dans un joli bol au centre de la table. Le menu était entièrement composé de plats aux saveurs créoles : filets de tilapia cuits au four dans des feuilles de bananier accompagnés de riz à la créole, puis bananes flambées. Après dîner, j'ai invité tout le monde à passer au salon. Au programme : danse! J'ai prévu assez de musique pour zouker jusqu'à l'aube! J'ai gravé des CD que j'ai remis à mes invités au moment de leur départ afin qu'ils puissent prolonger cette soirée magique...

1. Évaluez le niveau de formalité de la réception.

2. Décidez de l'ambiance que vous voulez donner à votre fête : zen, trépidante, mondaine, propice à la danse, à la discussion, aux jeux...

3. Établissez le thème de la réception. Une époque, une activité, un style, un pays ou, simplement, une couleur.

4. Inspirez-vous. Regardez autour de vous, feuilletez des magazines, des livres, regardez les vitrines des magasins...

5. Faites la liste des accessoires à acheter et/ou à fabriquer.

6. Transformez-vous en designer!

Le thème : conte de fées!

L'an dernier, mon amie Natasha m'a demandé de planifier l'anniversaire de sa fille Claire, qui allait avoir cinq ans au mois de juillet. Claire est une vraie petite fille! C'est-à-dire qu'elle raffole du rose et rêve d'être une princesse (une vraie, qui peut sentir le petit pois sous une multitude de matelas!). Je n'ai pas eu à me creuser la tête bien longtemps pour trouver le thème de la fête : le conte de fées!

Natasha possède un grand et agréable jardin et elle souhaite naturellement que la fête s'y déroule. Nous avons donc déjà le lieu, la date (l'anniversaire de Claire tombe justement un samedi) et l'heure : une fête d'enfant où l'on invite pour le gâteau se tient traditionnellement à 15 heures.

Prochaine étape : combien d'amis inviter? Claire veut évidemment réunir toute sa classe… mais Natasha réfrène ses ardeurs! Le nombre idéal d'invités à un anniversaire d'enfants est, dit-on, fonction du nombre de bougies sur le gâteau : cinq ans, cinq amis. Je ne sais pas si c'est réellement une règle,

> *Le nombre idéal d'invités à un anniversaire d'enfants est, dit-on, fonction du nombre de bougies sur le gâteau : cinq ans, cinq invités.*

mais en tout cas c'est une façon amusante de faire accepter à l'enfant de limiter ses invitations! Toutefois – mon amour des grandes fêtes oblige! – je suggère à Natasha de laisser sa fille inviter ses sept meilleurs amis... accompagnés de leurs parents!

En effet, deux possibilités s'offrent à Natasha. La première : elle engage une gardienne dont le rôle sera d'encadrer les activités et de surveiller les enfants, car, même si son jardin est sans «pièges» (pas de piscine, pas de recoins dangereux, pas de possibilité de sortir sans être vu), lorsqu'un parent vous confie son enfant pour l'après-midi, il est important de prendre cette responsabilité au sérieux. La deuxième possibilité : elle invite aussi les parents. Personnellement, j'aime beaucoup cette façon de faire. Tout d'abord, les parents sont responsables de leur progéniture, tandis que vous n'avez qu'à vous préoccuper des choses agréables, c'est-à-dire le divertissement et la conversation! Et puis, comme j'aime beaucoup connaître les parents des amis de mes enfants, je trouve qu'un anniversaire est une occasion fort sympathique de lier connaissance. Natasha a donc accepté avec enthousiasme ma deuxième suggestion. J'avais prévu 14 à 21 invités (les parents ne venant pas forcément en couple). Dans les faits, elle s'est retrouvée avec 18 parents et... 12 enfants! J'avais oublié les frères et sœurs!

Je trouve qu'un anniversaire est une occasion fort sympathique pour lier connaissance avec les parents des amis de ses enfants.

Une fois décidés le nombre d'invités, le type de fête (enfants-parents), la date et l'heure, il ne restait plus à

Natasha qu'à s'occuper des invitations. Les enfants adorent recevoir des invitations… et probablement encore plus en envoyer! Natasha, Claire et moi avons passé un merveilleux moment à fabriquer ensemble des invitations-mirlitons qui ont ravi leurs invités, les parents autant que les enfants.

Invitations-mirlitons

Matériel :

- Papier : choisissez un papier avec des motifs qui s'agencent à votre thème. Pour l'anniversaire de Claire, j'ai trouvé un papier dans les tons de rose, avec des dessins représentant des petites fées ailées. Ravissant!
- Pailles : procurez-vous des pailles dans les mêmes tons que le papier. Attention, pas de pailles pliantes!
- Ruban adhésif : un transparent et un de couleur.
- Ciseaux
- Stylo-feutre de couleur
- Élastique

Marche à suivre :

- Découpez des rectangles de 5 cm x 25 cm dans le papier.

- Dans le sens de la longueur, pliez les côtés afin qu'ils se rejoignent au centre.

- Collez-les avec du ruban adhésif transparent. Attention, vous ne devez utiliser qu'un seul morceau de ruban, car il est important qu'ils soient scellés hermétiquement.

- Fermez une extrémité avec un morceau de ruban adhésif transparent.

- De l'autre côté, écrivez avec un stylo à pointe large, de couleur (je suggère un feutre doré), les informations importantes : lieu, date et heure de la réception, ainsi que le numéro de téléphone pour confirmer la présence.

- En partant du bout fermé, enroulez le papier autour d'un crayon, puis maintenez-le en place à l'aide d'un élastique. Il est important que le papier soit roulé très serré et maintenu fermement en place. Laissez-le ainsi au moins 24 heures.

- Enlevez l'élastique et le crayon. Le papier devrait rester enroulé.

- Prenez l'extrémité ouverte. Repliez les deux coins vers l'intérieur. Introduisez la paille et maintenez-la en place à l'aide du ruban adhésif de couleur. Attention, il est important qu'aucun air ne puisse s'échapper.

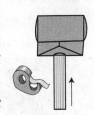

Si vous avez scellé correctement le bout et qu'aucun air ne peut s'en échapper, le mirliton devrait fonctionner. Et voilà, vos mirlitons-invitations sont prêts à être distribués !

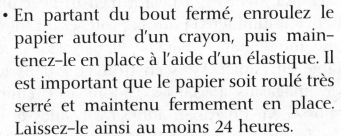
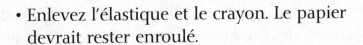

Voici maintenant le temps de penser à la fête proprement dite. Décorer un jardin est toujours agréable. Celui de Natasha, en particulier, est un endroit merveilleux, plein de fleurs et d'arbres fruitiers. Comme Natasha reçoit l'après-midi, elle va servir gâteaux et sucreries.

Décoration de la table

L'élément principal de la décoration sera la table. Je conseille donc à mon amie de louer une grande table et une tente (que j'ai choisie blanche, à défaut d'en trouver une rose, mais l'effet était lumineux) pour la protéger du soleil. Sur la table, une grande nappe blanche, et, par dessus, des chemins de table en papier. Vous en trouverez dans les papeteries et les magasins spécialisés. J'adore ces chemins de tables. Ils possèdent un ruban adhésif à l'endos et se collent ainsi facilement (ils se décollent tout aussi facilement, ne craignez rien pour vos nappes!). On les trouve dans toutes sortes de couleurs et avec toutes sortes de motifs. Pour l'anniversaire de Claire, j'en ai déniché un (dans les roses, bien sûr!) avec des dessins de princesses. Tout simplement adorable!

Et puis, j'ai mis des ballons partout! Je les ai choisis rouges, chacun attaché à un ruban rose, que j'ai fait «friser». Je voulais qu'une fois tous les ballons gonflés à l'hélium, ils soient suffisamment nombreux pour recouvrir entièrement le plafond de la tente. L'effet fut magnifique. Pour

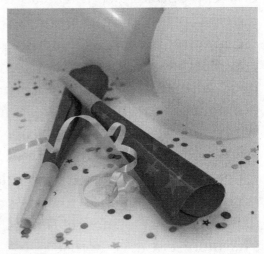

terminer, j'ai décoré la table avec une guirlande de fleurs, des roses et des blanches. Les guirlandes s'accrochent sur le côté de la table (et, après la réception, sur le mur de la petite fille, pour se souvenir de la fête pendant quelques jours).

À boire

J'avais prévu de l'eau et des jus de fruits. Pour aller avec notre thème : limonade rose, jus de pamplemousse rose, grenadine... On les a servi dans des verres sur pied en plastique : j'avais attaché à chacun une petite étiquette sur laquelle j'avais écrit : «Buvez-moi». Un clin d'œil à *Alice au pays des merveilles*!

À manger

Un conseil lorsque vous préparez une table de desserts :
veillez à ce qu'il y en ait de toutes les formes. Cup cakes,
mousses, charlottes, gâteaux, tartes… Pour le thème conte
de fée, n'oubliez pas le gâteau de Peau d'âne ! Peau d'âne
est cette princesse qui, pour faire savoir au prince qu'elle
est amoureuse de lui, lui fait un gâteau à l'intérieur duquel
elle place son anneau d'or. N'importe quel gâteau blanc
peut faire l'affaire, ou encore un quatre-quarts. Je vous
donne ici ma recette de gâteau à la vanille préférée. Pour
le décorer, je suggère un glaçage à la vanille auquel vous
ajouterez une ou deux gouttes de colorant alimentaire
rouge afin qu'il prenne une jolie teinte rose. Pour une
décoration plus élaborée, vous pouvez planter des suçons
de différentes formes et tailles, dans des couleurs qui
s'harmonisent avec le rose.

Gâteau à la Janette

Recette tirée du livre *La cuisine raisonnée*,
publié aux Éditions Fides

Ingrédients :

125 ml (1/3 t) de beurre
205 ml (1 t) de sucre
2 œufs
375 ml (1 1/2 t) de farine à pâtisserie tamisée
2 c. à thé de poudre à pâte
1 pincée de sel
175 ml (3/4 t) de lait
1 c. à thé d'essence de vanille

Marche à suivre :

- Mettre le beurre en crème; ajouter graduellement le sucre, les œufs et battre quelques minutes jusqu'à ce que le sucre soit fondu.

- À la farine, ajouter la poudre à pâte et le sel.

- Ajouter à la première préparation en alternant avec le lait.

- Aromatiser avec la vanille.

- Verser dans un moule légèrement graissé et cuire au four à 190 °C (375 °F), environ 30 minutes.

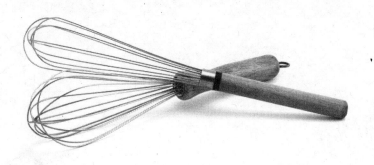

3

▶ ▶ ▶

L'art de mettre la table

▼
▼
▼

L'art de
mettre la table

L'art de mettre la table

Ça y est, vous recevez! Vous avez invité les convives et vous avez planifié votre réception. À présent, il est temps de passer à des choses encore plus sérieuses : la table! C'est en général le point fort de toute réception. Vous avez donc toutes les raisons du monde de vous appliquer à la préparer. Un conseil : comme dresser la table convenablement prend du temps, ne vous y prenez pas à la dernière minute. Ne courez pas le risque d'avoir à y faire la moindre retouche une fois vos invités arrivés car ils pourraient se sentir mal à l'aise, voire pas attendus. C'est la première règle de bienséance. Les conseils qui suivent vous aideront à tout connaître sur l'art de mettre la table.

L'équipement

Vous aurez besoin de plusieurs choses pour dresser la table. D'abord, évidemment, des assiettes, des couverts, des verres et... une table! Comment les choisir? Y a-t-il des règles à observer? Voici l'info dont vous aurez besoin pour mettre en scène un dîner simple ou chic, pour des amis ou pour des hôtes de marque.

Choisir sa table

Le choix de la table se fait en tenant compte de plusieurs critères. Bien sûr, tout d'abord, de l'espace que vous avez. On doit pouvoir circuler aisément tout autour. Rien de plus embarrassant pour un invité que de faire se lever ses voisins lorsqu'il doit s'excuser. Ensuite, le nombre d'invités déterminera la grandeur de la table. Pour que les convives soient à l'aise, calculez un espace de 60 cm par personne.

Je conseille, pour des compagnies qui excèdent 12 personnes, de prévoir plus d'une table. Mais encore faut-il avoir l'espace! Comme dans un jardin, par exemple. J'aime beaucoup l'impression que donne une seule table rectangulaire très longue.

Les tables rondes sont idéales pour un repas entre amis : en effet, la

Pour plus de 12 convives, prévoyez plus d'une table.

conversation est plus facile, car chacun peut voir toute la compagnie. Pour des repas plus formels, optez pour une table rectangulaire ou carrée.

Agrandissez votre table

Vous recevez 12 personnes, mais votre table n'en accommode que 6? Pas de panique! Agrandissez-la!

Matériel :

- Une feuille de contreplaqué de la forme et de la surface que vous désirez. Pour une table ronde, vous aurez besoin d'un diamètre d'environ 2 m. Pour une table rectangulaire, prévoyez une surface de 1,10 m X 3 m.
- Des baguettes de pin de la largeur de l'épaisseur du plateau de votre table et de la longueur du périmètre du plateau de votre table.

Marche à suivre :

- Déposez la feuille de contreplaqué sur votre table. En vous accroupissant dessous, tracez le contour du plateau de votre table sur le contreplaqué.
- Mesurez le contour tracé : vous saurez quelle longueur de pin vous devez vous procurer.

- Retournez la feuille de contreplaqué et clouez vos planches de pin le long de votre tracé.
- Reposez la planche en contreplaqué par-dessus votre table. Elle devrait s'imbriquer parfaitement et ne pas bouger.

Bien sûr, il vous faut impérativement un molleton et une nappe pour camoufler le contreplaqué. Mais le pied de votre table d'origine sera visible et personne ne se doutera du subterfuge !

Habiller la table

Le molleton

Sous la nappe, j'aime toujours mettre un molleton, même pour les dîners familiaux. En plus de protéger la table en cas d'accident, j'aime le bruit étouffé des plats que l'on y dépose. De plus, le molleton empêche la nappe de glisser. C'est donc un élément que j'estime indispensable. Quelle grandeur choisir ? Il doit retomber de 3,5 cm sur les côtés de la table. S'il est trop neuf, il se peut qu'il ne retombe pas

Le molleton doit retomber de 3,5 cm sur les côtés de la table.

suffisamment, créant une drôle de forme sous la nappe. Une seule solution : à votre fer à repasser ! Il est important de créer un pli là où il devra retomber.

La nappe

Pour ce qui est de la nappe, toutes les couleurs, tous les motifs peuvent être intéressants. Tout dépend de l'occasion et du style de votre réception. Pour un dîner très chic, rien n'égale la nappe blanche, unie, damassée ou avec un détail de dentelle. Pour toutes les autres occasions, les motifs ajoutent une touche gaie, élégante ou fantaisiste, selon le style pour lequel vous opterez. Pour ce qui est du tissu, choisissez des fibres naturelles, comme le coton ou le lin (voire un mélange des deux). Les tissus synthétiques ou plastifiés ne devraient être sortis de vos tiroirs que pour les fêtes d'enfants ! Quant aux dimensions, calculez que la nappe doit retomber d'au moins 20 cm sur les côtés. Pour créer un décor grandiose, optez pour une nappe qui retombe jusqu'à terre.

Quelle forme de nappe choisir ?

- La nappe ronde : pour une table ronde
- La nappe carrée : pour une table ronde ou carrée
- La nappe ovale : pour une table ovale ou rectangulaire
- La nappe rectangulaire : pour une table rectangulaire ou ovale.

Pas question de mettre sur votre table une nappe où l'on voit des plis ! Pour une nappe parfaite, il existe dans le commerce des appareils qui vaporisent de la vapeur chaude pour enlever les plis. Il faut d'abord repasser la nappe, la mettre en place sur la table, puis vaporiser tous les plis. Si vous avez choisi une nappe de soie ou de satin, prévoyez un long moment pour cette opération.

Les napperons

On peut utiliser des napperons (ou sets de table) par-dessus la nappe lorsqu'on reçoit de manière informelle. Leur tissu doit s'agencer avec le tissu de la nappe. Les couleurs doivent être de la même palette et les matières doivent s'harmoniser. Pour éviter de surcharger, choisissez des napperons unis pour aller sur une nappe à motifs et des napperons à motifs pour aller sur une nappe unie. Prenez garde à ce que vos napperons soient assez grands pour que tout le couvert y entre.

La surnappe

Si vous recevez pour un dîner élégant ou mondain, une surnappe est toujours du plus bel effet. Choisissez-en une qui s'agence parfaitement à votre nappe. À une surnappe mal choisie, je préfère toujours une seule nappe qui a du style! Mettez la surnappe au milieu de la nappe. Vous pouvez placer une surnappe carrée parallèlement à la nappe ou de biais, pour créer un losange. C'est ce que je recommande si vous placez une surnappe carrée sur une nappe ronde.

Quelle surnappe choisir ?

- La surnappe ronde : sur une table ronde
- La surnappe carrée : sur une table carrée ou ronde
- La surnappe carrée : sur une table ronde ou carrée
- La surnappe ovale : sur une table ovale ou rectangulaire
- La surnappe rectangulaire : sur une table rectangulaire ou ovale

---

Exemples de surnappes

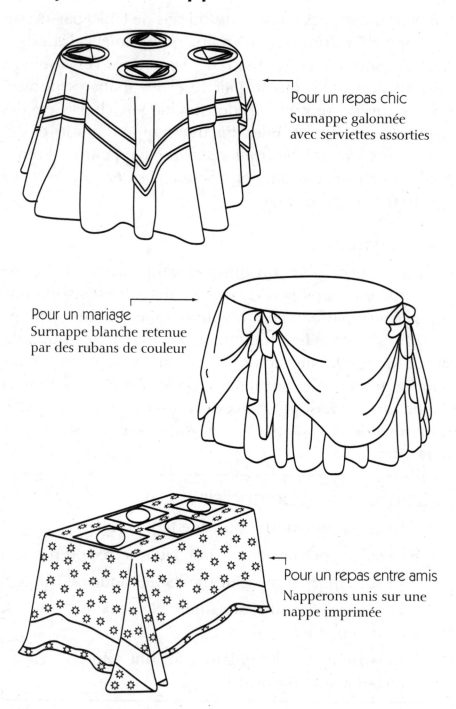

Pour un repas chic
Surnappe galonnée
avec serviettes assorties

Pour un mariage
Surnappe blanche retenue
par des rubans de couleur

Pour un repas entre amis
Napperons unis sur une
nappe imprimée

Les serviettes

Les serviettes peuvent être soit exactement du même tissu que la nappe, soit d'une teinte qui s'harmonise parfaitement avec cette dernière. (Ou encore du même tissu que les napperons ou la surnappe.) Attention de ne pas choisir des serviettes d'un motif différent de celui de la nappe : effet bariolé et pas très heureux assuré! Les dimensions idéales? 50 cm X 50 cm, mais il n'existe pas de règle absolue. Pour ce qui est des pliages, vous pouvez vous laisser aller à toutes les excentricités, mais d'après moi, en règle générale, le plus simple est toujours le mieux! Un seul pliage est interdit : ne placez jamais les serviettes en éventail dans le verre, c'est un usage réservé aux restaurants. Sinon, une serviette roulée retenue par un rond de serviette, par un joli ruban ou même tout simplement par une bande de raphia donne un effet coquet sans être classique ou guindé.

Ne placez jamais les serviettes en éventail dans le verre : c'est un usage réservé aux restaurants.

Exemples de pliages

Triangle à pointes

1

Pliez une serviette carrée
en quatre.

2

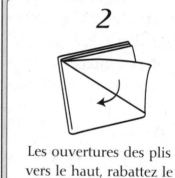

Les ouvertures des plis
vers le haut, rabattez le
premier pli vers le bas.

3

Rabattez le deuxième pli vers
le bas en laissant le même
intervalle entre les plis.

4

Déposez la serviette,
pointes vers le bas,
dans l'assiette.

La pochette

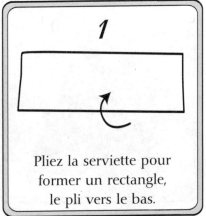

1

Pliez la serviette pour
former un rectangle,
le pli vers le bas.

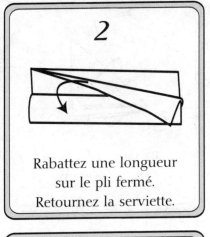

2

Rabattez une longueur
sur le pli fermé.
Retournez la serviette.

3

Faire un rabat à droite,
sur un tiers de la
longueur de la serviette.

4

Repliez à nouveau sur les
deux derniers tiers de
la serviette.

5

Vous avez une pochette
dans laquelle vous pouvez
glisser les couverts.

Serviette croisée

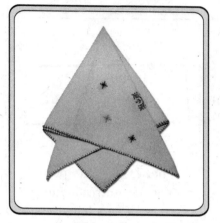

1

Pliez en diagonale une
serviette carrée .

2

Pliez une serviette carrée en
quatre. Pliez en diagonale.
Ficelez le coin du triangle
avec un ruban.

Serviette nouée

1

Rabattez les coins
en les croisant.

2

Ouvrez la serviette. Vous
pouvez la décorer avec des
fleurs, par exemple.

Les verres

À chaque vin son verre! Vous pourriez avoir un verre pour le bordeaux, un pour le chinon, etc. Mais, bien sûr, peu de gens possèdent autant de verres qu'il existe de types de vin. Je vous conseille donc de poser sur la table trois verres. Un pour le vin rouge, un pour le vin blanc et un pour l'eau. Si vous changez de sorte de vin rouge, il faut normalement changer de verre pour ne pas «contaminer» un vin avec un autre. Je ne réserve cela qu'aux dîners d'apparat. Vous pouvez régler le problème en ne servant qu'un vin... mais quel ennui! Bien sûr, si vous servez du champagne ou du mousseux, il faut ajouter une coupe ou une flûte à champagne. Le verre INAO (Institut national des appellations contrôlées) est un verre dont les rebords du haut rentrent légèrement vers l'intérieur. C'est le verre qu'utilisent les œnologues pour les dégustations. Si vous ne mettez qu'un seul verre, c'est celui que je suggère.

Utilisez toujours des verres transparents pour le vin. Rien de pire qu'un vin servi dans un verre teinté bleu, si joli qu'il soit. Il ne faut pas oublier que l'aspect visuel fait partie intégrante de la dégustation d'un mets ou d'un vin. J'ai fait il y a longtemps une expérience avec une amie. Nous nous étions préparé un délicieux spaghetti carbonara... dans lequel nous avions ajouté deux gouttes de colorant alimentaire de couleur bleue! Impossible de le manger! Le plat qui nous ravissait les narines s'était tout à coup transformé en quelque chose que notre cerveau identifiait comme non comestible! Pareil pour les vins : laissez donc, de grâce, les verres colorés pour l'eau! Pour ce qui est des matériaux, un verre en cristal aura toujours un éclat et un son (lorsque l'on trinque) bien supérieur à tous les autres.

Les verres

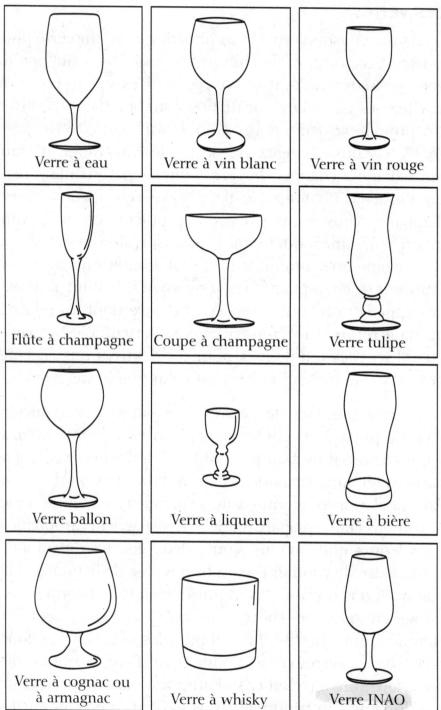

Verre à eau

Verre à vin blanc

Verre à vin rouge

Flûte à champagne

Coupe à champagne

Verre tulipe

Verre ballon

Verre à liqueur

Verre à bière

Verre à cognac ou
à armagnac

Verre à whisky

Verre INAO

Servez l'eau dans une carafe à eau et le vin dans une carafe à vin. Les vins jeunes auront l'occasion d'être ainsi aérés et les vins vieux, de décanter. Une fois le vin transvasé avec soin, laissez-le décanter en carafe au minimum une heure. Plus le vin est jeune, plus vous aurez avantage à le laisser reposer longtemps. Déposez les carafes sur des dessous de carafe.

Les carafes

Broc à jus ou à eau

Aiguière à vin

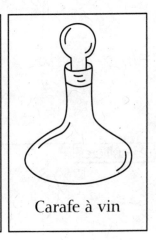

Carafe à vin

Carafe à porto

Carafe à whisky

Carafe canard

Les couverts

Le chic du chic ? L'argenterie, bien sûr ! Mais, de nos jours, on peut également servir des couverts en métal plaqué argent ou en inox. La chose importante : qu'ils fassent tous partie de la même collection – pas de couverts dépareillés !

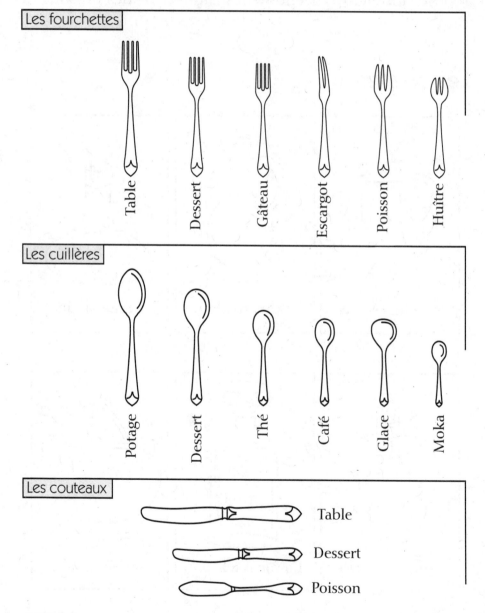

Les fourchettes

Table — Dessert — Gâteau — Escargot — Poisson — Huître

Les cuillères

Potage — Dessert — Thé — Café — Glace — Moka

Les couteaux

Table

Dessert

Poisson

Les couverts de service

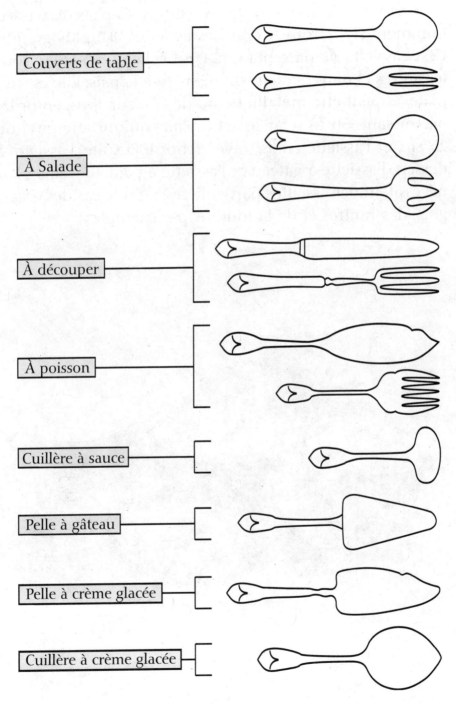

Couverts de table

À Salade

À découper

À poisson

Cuillère à sauce

Pelle à gâteau

Pelle à crème glacée

Cuillère à crème glacée

Les services

Le service de table, ce sont les assiettes et les plats de service. Comment s'y retrouver dans les assiettes? La plus grande, c'est l'assiette de présentation. C'est celle qu'on laisse sous les autres et dans laquelle on ne mange jamais. Elle est très plate, et peut être métallique ou de couleur. Puis, en ordre décroissant, on trouve l'assiette plate, qui mesure environ 25 cm, et l'assiette creuse, avec rebord. Ensuite, l'assiette à dessert, l'assiette à gâteau et l'assiette à pain. Certains plats nécessitent des assiettes particulières. C'est le cas des escargots, des huîtres et de la fondue, par exemple.

Les services de table peuvent être en porcelaine, en céramique, en grès ou en faïence. Les plats de service peuvent aussi être en argent. À vous de choisir le style qui convient à votre repas. Mais essayez de tenir compte de tous les éléments de la table lorsque vous ferez votre choix. Tous les plats de service doivent être assortis et être dans le même style que les assiettes. Les assiettes à fromage et à dessert sont les seules qui peuvent être différentes des autres assiettes, puisqu'elle sont apportées seules sur la table.

Comment dresser la table
La disposition des assiettes

On place les assiettes à 3 cm du bord de la table. Il doit y avoir environ 60 cm entre une assiette et sa voisine. On ne place jamais plus de trois assiettes les unes sur les autres, et dans un cas uniquement : l'assiette creuse à potage peut se placer sur la grande assiette, elle-même posée sur l'assiette de présentation. On ne place pas de petite assiette pour l'entrée sur la grande assiette. L'entrée se sert dans une grande assiette puis elle est rapportée à la cuisine et changée pour une deuxième grande assiette pour le plat principal. Vous apporterez l'assiette à fromage et l'assiette à dessert quand ce sera le temps. D'ici là, empilez-les sur une desserte ou laissez-les à la cuisine. L'assiette de présentation vient en premier. Elle ne sera enlevée qu'avant le dessert. Par-dessus, on pose l'assiette dans laquelle le plat sera servi. À gauche, on pose l'assiette à pain et à droite, l'assiette à salade, en forme de demi-lune.

La disposition des couverts

Les couverts se placent de part et d'autre de l'assiette, à environ 3 cm du bord de la table. La fourchette va à gauche, le couteau à droite et la cuillère à droite également. La manière française est de placer les fourchettes les pointes vers la table ; la manière anglaise, les pointes vers le haut. Le côté tranchant du couteau doit être dirigé vers l'assiette. Placez les couverts dans l'ordre où ils devront être utilisés, en commençant vers l'extérieur. Il ne faut pas aligner plus de trois couverts, sinon, les invités ne s'y retrouveront pas et l'effet ne sera pas très réussi esthétiquement parlant ! On apporte les couverts à dessert sur l'assiette à dessert ou, pour un repas plus convivial, on peut les

Il ne faut pas aligner plus de trois couverts, sinon les invités ne s'y retrouveront pas.

placer en haut de l'assiette. La fourchette à dessert se place manche vers la gauche et le couteau, manche vers la droite : il sera plus aisé de les prendre de cette manière. Le couteau se trouve plus près de l'assiette. Si vous avez besoin d'une cuillère et d'une fourchette, la fourchette se place manche vers la gauche et la cuillère, manche vers la droite. Dans ce cas, c'est la fourchette qui se place le plus près de l'assiette. Si vous avez besoin pour le dessert d'une fourchette, d'un couteau et d'une cuillère, le couteau se place le plus proche de l'assiette, le côté tranchant toujours vers celle-ci et le manche vers la droite. Ensuite vient la fourchette, manche vers la gauche. Puis vient la cuillère, manche vers la droite.

Les porte-couteaux

Les porte-couteaux ne s'utilisent pas lors de dîners élégants. La raison en est simple : on les utilise lorsque l'on ne change pas de couverts entre les plats. Puisque lors d'un dîner chic, on change de couverts pour chaque plat, pas besoin de porte-couteaux.

Les verres

Les verres se placent au-dessus de l'assiette, légèrement vers la droite. On les place par ordre de grandeur, le plus grand verre se plaçant le plus à gauche. On aura donc d'abord le verre à eau, suivi du verre à vin rouge puis du verre à vin blanc. Si vous avez besoin d'une flûte à champagne, celle-ci se place un peu à l'arrière.

Le couvert

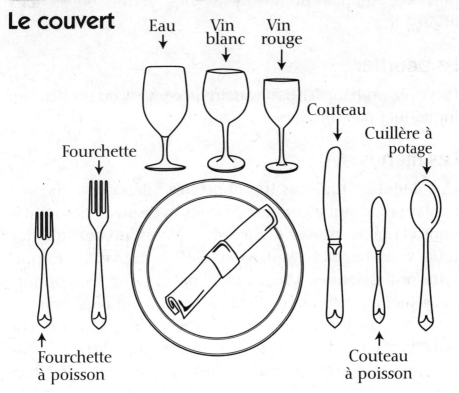

Eau
Vin blanc
Vin rouge
Couteau
Cuillère à potage
Fourchette
Fourchette à poisson
Couteau à poisson

Les serviettes

Les serviettes se placent dans l'assiette ou à gauche de la fourchette.

Le pain

Comment servir le pain? Pour les repas simples, placez le pain tranché dans une corbeille à pain, recouvert par une serviette. Pour les repas élégants, placez un morceau dans chaque assiette à pain, déposée à gauche de l'assiette.

Le sel et le poivre

Dans plusieurs pays, il porte malheur de passer le sel de main à main. Même si vous n'êtes pas supersticieux, prévoyez une salière par deux convives. La salière et la poivrière se placent au-dessus des verres, entre deux invités.

Le beurrier

Prévoyez un beurrier pour quatre personnes ou un beurrier individuel par convive.

Les menus

Une attention toujours très appréciée : déposer le menu à la place de chaque convive. Si vous avez posté des invitations et que vous avez des marque-places, prenez soin que toute votre papeterie soit agencée. Vous pouvez faire appel à un professionnel. Mais si vous optez pour les fabriquer vous-même, je conseille de l'écrire à la main plutôt que de le taper à l'ordinateur. C'est une touche chic et personnelle qui ravira vos invités. On peut placer le menu dans l'assiette ou encore le déposer sur le verre. J'aime bien plier mes serviettes en pochettes (voir p. 122) et glisser le menu à l'intérieur. Dans ce cas, je pose le tout dans l'assiette.

Les marque-places

Si vous recevez beaucoup de monde, des marque-places s'avèrent très utiles. Pour les petites compagnies, vous pouvez dire vous-même aux invités où se placer, mais lorsqu'il y a beaucoup de monde, premièrement il peut être difficile de se rappeler exactement où vous voulez que les gens s'assoient et deuxièmement il est embarrassant pour les invités de rester debout longtemps autour de la table. De plus, il pourrait arriver que vos invités se rebellent et décident de s'asseoir où bon leur semble! Prenez soin que les marque-places soient en harmonie avec le reste de votre papeterie. Pour les faire tenir, vous pouvez trouver dans le commerce toutes sortes d'objets tous plus délicieux les uns que les autres (j'adore mes cerfs en argent pour Noël!), mais rien ne vous empêche d'être créatif!

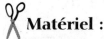

Marque-place bouchon

Matériel :

- Bouchon de liège
- Couteau de précision
- Petit carton

Marche à suivre :

- Coupez un côté du bouchon dans le sens de la longueur afin de l'empêcher de rouler lorsqu'il est déposé sur la table.
- Taillez une petite fente en biais sur le bouchon.
- Écrivez le nom du convive sur le petit carton.
- Glissez le carton dans la fente.

Et le tour est joué !

Les cadeaux

Comme il est agréable, lorsque l'on est invité, de recevoir en cadeau un petit quelque chose qui nous rappelle notre soirée! Les cadeaux aux invités peuvent être aussi variés que la réception. Souvent, on essaie d'ailleurs d'harmoniser le cadeau au thème de la réception. Si le cadeau tient dans une petite boîte (des bonbons ou des chocolats, par exemple), j'aime bien les déposer dans l'assiette à pain pour accueillir les invités à table. Une jolie attention qui sera remarquée!

Les centres de table

Les centres de table sont traditionnellement des fleurs ou des bougies, mais de jolis fruits peuvent s'y prêter admirablement. Deux principes sont fondamentaux : ils ne doivent pas être trop hauts car ils gêneraient la vue et ils ne doivent pas être odorants car ils gâcheraient l'arôme des plats. D'autre part, assurez-vous qu'ils ne prennent pas trop de place si vous prévoyez déposer des plats sur la table.

Le plan de table

Selon la préséance

Avant de faire le plan de table, une opération s'impose : vous devez établir une hiérarchie parmi vos invités. Vous devez décider qui sont les personnes que vous souhaiter honorer, qui sont les personnes les plus importantes de la réception. Ce n'est pas toujours facile. Vous ne savez pas qui choisir comme étant la personne la plus importante? Plusieurs options s'offrent à vous. Vous pouvez y aller par âge. La personne la plus âgée aura préséance sur les autres. Facile si vous invitez votre grand-mère. Vous aurez naturellement envie de vous occuper d'elle, plus particulièrement lors du repas. Mais si vous invitez des amis qui ont tous plus ou moins le même âge, c'est plus difficile. Est-ce qu'il y a un quelqu'un que vous n'avez pas vu depuis plus longtemps que les autres? Est-ce que quelqu'un vient de revenir d'un long voyage, vient d'annoncer son mariage, est enceinte? La personne que vous invitez pour la première fois peut être celle que vous souhaitez honorer. Les manuels de bonnes manières parlent aussi de situation sociale : le maire aura préséance sur le plombier. Je pense que d'utiliser la situation sociale comme facteur hiérarchique est un peu dépassé dans nos sociétés actuelles. En fait, la hiérarchie doit se faire selon vos critères à vous. Vous recevez votre patron avec qui vous êtes ami, ainsi qu'une amie de longue date qui vient d'annoncer qu'elle est enceinte? Si vous avez plus envie d'honorer votre amie, personne ne se formalisera de ce que vous la placiez à votre droite.

Faites une liste de vos invités et écrivez 1, 2, 3, 4, etc. à côté de leur nom, 1 étant la personne la plus importante. Selon la manière classique, vous devez alterner les hommes et les femmes autour de la table. Il est donc plus simple de faire une liste d'hommes et une liste de femmes, avec le rang à côté. Vous aurez donc une femme no 1 et un homme no 1. Bien sûr, ceci n'est possible que si vous invitez un nombre égal (ou presque) d'hommes et de femmes.

Une fois que vous avez établi l'ordre de préséance par écrit, dessinez un plan de votre table. Le puzzle peut commencer. Prenons une table rectangulaire. En effet, il est plus difficile d'asseoir les invités autour d'une telle table qu'autour d'une table ronde, où les seules places d'honneur sont à votre droite et à votre gauche. Donc, vous avez une table rectangulaire. Deux options s'offrent à vous. La manière anglaise et la manière française. Selon la première, l'hôte et l'hôtesse prennent place en bout de table à moins que l'alternance homme / femme ne s'en trouve modifiée. Ils sont chacun « en charge » du bien-être des invités de leur côté de la table. Selon la manière française, les convives sont placés de part et d'autre de la table et personne ne s'assoit au bout. L'hôte et l'hôtesse sont assis au milieu, face à face. Ils animeront la conversation.

Placez les invités en alternant hommes et femmes, mais veillez à séparer les couples. La conversation sera plus intéressante. Seule exception : les nouveaux fiancés, qui devraient toujours être placés côte à côte.

Plan de table :
8 couverts, à la française

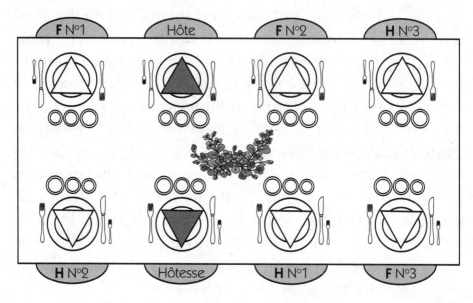

Plan de table :
8 couverts, à l'anglaise

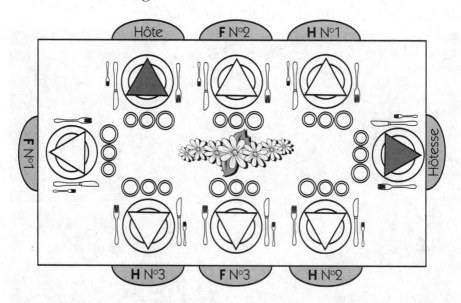

- Homme n° 1....................à la droite de l'hôtesse
- Homme n° 2...................à la gauche de l'hôtesse
- Femme n° 1.........................à la droite de l'hôte
- Femme n° 2.........................à la gauche de l'hôte

Etc., en alternant hommes et femmes

Selon les personnalités

Autre possibilité : vous concevez le plan de table de manière à favoriser les conversations. Dans ce cas, vous devez tenir compte des personnalités de vos invités. Cette façon de faire n'est donc possible que lorsque vous invitez vos amis. S'il s'agit de simples connaissances, il est, disons, plus hasardeux de juger de leurs personnalités. Faites d'abord l'exercice suivant : employez-vous à stéréotyper vos invités ! Trouvez un mot qui les décrive lorsqu'ils sont en société. Par exemple : le clown, la timide, le séducteur, la sarcastique, le politicologue, la psychanalyste, etc. (Un conseil : ne leur dévoilez jamais le terme qui les définit !)

Ensuite, placez-les selon leur personnalité. Par exemple, la diva, celle qui ne parle que d'elle et qui parle beaucoup, sera bien placée en bout de table, où elle ne monopolisera pas la conversation et où elle aura l'impression de «trôner». Par contre, le séducteur, lui, a tout intérêt à être placé au centre pour pouvoir envoyer des compliments à tout va et surtout pour éviter qu'il ne parle qu'à la jolie femme assise à côté de lui. La timide sera plus à l'aise à vos côtés ou à côté de quelqu'un qu'elle connaît déjà. Tout est affaire de bon sens ! La logique qui doit primer : comment se déroulera la conversation entre les invités.

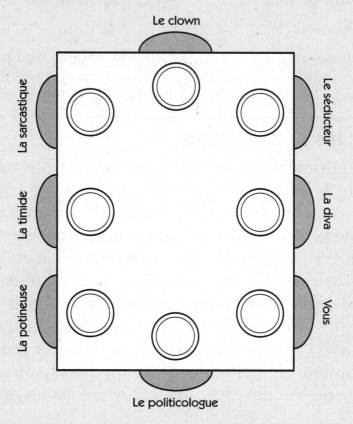

Un mauvais plan de table

Le clown

La sarcastique

Le séducteur

La timide

La diva

La potineuse

Vous

Le politicologue

Pourquoi s'agit-il d'un mauvais plan de table ?

Tout d'abord, en tant qu'hôte, vous devez être à un bout de la table. Ainsi, vous aurez une vue d'ensemble sur ce qui se passe. Ensuite, à cette place, tout le monde peut vous voir : c'est vous qui donnez le coup d'envoi au repas, qui décidez des changements de plats. On dit toujours que lorsqu'on est invité et qu'on ne sait pas quoi faire, il faut regarder la maîtresse de maison. Alors, mettez-vous bien en vue !

Le clown ne devrait pas être en bout de table, mais au milieu, pour qu'il puisse parler à tout le monde et faire rire tout le monde. Quoi de plus frustrant que de voir les convives du bout de la table rire à s'en décrocher la mâchoire d'une blague que l'on n'a pas entendue?

La diva devrait être placée en bout de table, surtout pas au milieu. Sinon, elle monopolisera la conversation et l'on ne parlera que d'elle. Et puis elle fera de l'ombrage à la timide, en face d'elle.

La timide devrait être placée à côté de vous ou à côté de la personne avec qui elle est venue. L'asseoir à côté du séducteur peut être aussi une bonne idée...

Le séducteur ne devrait pas être placé en bout de table, mais au centre, pour qu'il puisse jeter son dévolu sur toutes les femmes plutôt que sur une seule. De plus, cette situation est dangereuse : il ne devrait pas être à côté de la diva car ils se feraient concurrence!

Imaginez-vous la conversation entre le politicologue, celui qui aime lancer des débats, qui parle politique avec fougue, et la sarcastique, celle qui ne prend rien au sérieux et qui tourne tout en ridicule? Froid assuré! Il faut les asseoir loin l'un de l'autre, ces deux-là!

Et la potineuse? C'est à côté de vous qu'il faut la placer, pour apprendre tous les potins avant les autres!

Comment servir

Le service doit être le plus discret possible. Les invités devraient avoir l'impression que les plats se succèdent comme par magie dans leurs assiettes. Pour y arriver, vous devez connaître sur le bout des doigts les règles du service et être tout à fait à l'aise.

La préparation

Préparer le service, c'est organiser à la cuisine les plats à amener à table. Faites votre possible pour ne jamais partir trop longtemps. En général, une fois le plat sur la table, ce sont les invités qui se servent. On peut déroger à cette règle uniquement dans le cas d'un plat délicat à servir. Une fois que tout le monde est servi, c'est une bonne idée de ramener le plat à cuisine, de manière à le garder au chaud. Il faut simplement ne pas oublier de le ressortir pour un deuxième service. Faites chauffer les assiettes avant de les mettre sur la table.

Comment servir l'apéritif ?

L'apéritif s'offre dès que le premier invité est arrivé. Si plusieurs invités arrivent ensemble, il faut l'offrir en premier à la femme la plus âgée, ou alors à la femme la plus importante. Ensuite, aux autres femmes, puis aux hommes, toujours selon la préséance. Vous pouvez servir en apéritif du champagne ou du mousseux, du whisky, des vins doux (porto, madère, etc.), des eaux-de-vie apéritives (gin, vodka), des alcools anisés (ouzo, pastis, arak), des cocktails. Il est important d'offrir également des boissons non alcoolisées (jus de fruits, eau gazéifiée, cocktails sans alcool).

Apéro sans alcool : le jus de gingembre

Ingrédients :
250 g de gingembre
1,5 L d'eau

Marche à suivre :

- Épluchez le gingembre et coupez-le en morceaux.
- Faites-le bouillir dans l'eau, pendant une vingtaine de minutes.
- Passez le tout au mélangeur.
- Passez au chinois.

Cette base au gingembre s'accommode de mille et une façon. Ajoutez de l'eau gazéifiée, du sirop de canne et un peu de jus de citron vert pour un cocktail simple et revigorant. Sinon, vous pouvez le mélanger à toutes sortes de jus (délicieux avec du jus d'ananas!). L'effet de chaleur qui se dégage du gingembre fait presque oublier qu'il n'y a pas d'alcool.

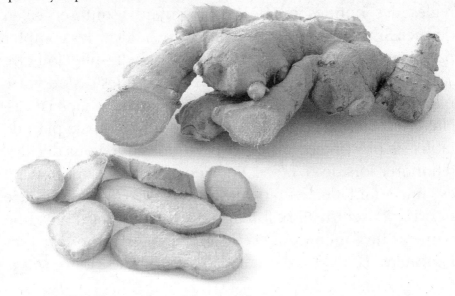

Qui servir en premier ?

Les règles de préséance veulent que l'on serve d'abord les femmes. Le plat est passé de convive à convive. C'est la maîtresse de maison qui annonce à qui va le plat. Bien sûr, il se peut que, pour ne pas gêner la progression du plat, un convive renonce à sa préséance et offre le plat à quelqu'un de plus près de lui. Ceci n'est possible que si le service n'est pas effectué par un serveur. Dans ce cas, l'ordre de préséance doit être établi d'avance par les places assises. Si vous avez bien élaboré votre plan de table, il n'y a pas de raison pour que le serveur commette d'impair. Vous devez commencer par l'invitée d'honneur, ou par la femme la plus âgée. Celle que vous jugez la plus importante. Celle que vous avez assise à votre droite.

Ensuite, la maîtresse de maison se sert elle-même, puis elle passe le plat aux hommes. L'ordre est le même que pour les femmes : le plus important en premier. Selon les règles des bonnes manières, les enfants sont servis en dernier. Si vos enfants sont grands, vous devez les compter parmi les invités, mais sachez que votre belle-fille doit être servie avant votre fille. Bien sûr, cela exclut les cas où votre fille vient de se marier ou d'avoir un enfant : dans ce cas, elle grimpe dans l'échelle ! En fait, comme pour le plan de table, les préséances vont aux personnes que vous décidez d'honorer lors de ce repas. Pour ne pas blesser un invité, il est important de tenir compte de l'âge. Une dame âgée pourra penser qu'elle est mal reçue si on la sert après une jeune fille, même si celle-ci vient d'annoncer ses fiançailles. Le maître de maison est le dernier à être servi.

Comment servir la soupe ?

L'idéal est de servir potages, soupes et consommés dans l'assiette creuse dressée à chaque place juste avant de passer à table. Lors des repas conviviaux, on peut aussi servir le potage dans une soupière, que l'on dépose au centre de la table. C'est la maîtresse de maison qui sert alors chaque invité. On ne sert le potage qu'une fois. Attention : on ne sert pas de vin avec le potage, mais de l'eau.

Comment servir le poisson ?

Servez le poisson dans un plat allongé, conçu spécialement à cet effet. Auparavant, vous devez avoir enlevé la peau et les arêtes, sauf dans le cas du poisson grillé, servi avec la peau.

Comment servir les fruits de mer ?

Pour éviter les situations embarrassantes, il vaut mieux ne les servir que s'ils sont apprêtés de manière à ce que les convives n'aient pas à les manipuler. Par exemple, la carapace du homard doit être découpée à l'avance afin que personne n'ait à se battre pour en extraire la chair! Mettez tout de même un rince-doigts (un petit bol d'eau citronnée) à la place de chaque convive.

Comment servir la viande ?

La viande se sert déjà découpée en morceaux. Ainsi, les invités n'ont pas de mal à se servir. Faites des tranches fines, perpendiculairement au fil de la viande. La jambon se coupe en suivant l'os. Le gigot d'agneau, lui, perpendiculairement à l'os. Ne mettez pas l'entame sur le plat de service.

Comment servir les légumes ?

Les légumes se servent dans un bol. Pour les garder au chaud, un légumier avec couvercle est pratique, mais pensez à retirer le couvercle avant de le faire passer.

Comment servir la salade ?

La salade se sert après le plat principal, sauf en une circonstance : si vous servez un plat en sauce. Placez alors des assiettes à salade (en demi-lune) à la droite de l'assiette si vous avez une assiette à pain à gauche, sinon, vous pouvez la placer à gauche. Si la salade est présentée dans un saladier, prenez soin de ne jamais mettre des couverts en métal. Préférez le bois, l'ivoire (seulement s'il s'agit d'antiquités!), la corne ou l'os. Veillez à ce que les feuilles soient coupées (pas avec un couteau de métal, à cause de l'oxydation). Leur taille doit être parfaite : juste assez petite pour qu'on puisse les manger sans avoir à les plier, puisqu'il n'est pas permis de couper les feuilles de salade. Une salade coupée en trop petits morceaux est difficile et désagréable à manger.

Comment servir les fromages ?

Servez les fromages sur un plateau à fromage. Posez-y également un ou plusieurs couteaux à fromage (avec le bout recourbé, qui aide à piquer le morceau coupé, car on ne touche jamais le fromage avec une fourchette). Les fromages forts devraient avoir leur propre couteau, de manière à ne pas mélanger les saveurs. Pour éviter que les odeurs n'incommodent les convives pendant le début du repas, ne placez jamais le plateau à fromage sur la desserte. Il est préférable de le laisser à la cuisine jusqu'à la dernière minute. Proposez plusieurs pains avec les fromages (de seigle, de campagne, aux noix, etc.). N'oubliez pas de sortir vos fromages du réfrigérateur quelques heures à l'avance. Vous pouvez les protéger avec une cloche à fromage ou avec un linge humide. Entamez les fromages entiers afin que les convives se servent plus facilement.

La composition d'un plateau de fromages

Proposez à vos invités un fromage par grande famille.

- Pâte molle à croûte fleurie
  - Ex. : brie, coulommiers, camembert, chaource, saint-marcellin...

- Pâte molle à croûte lavée
  - Ex. : langres, munster, vacherin, pont-l'évêque...

- Pâte persillée
  - Ex. : bleu, fourme d'Ambert, roquefort, gorgonzola, stilton...

- Pâte pressée cuite
  - Ex. : beaufort, comté, emmental, gruyère, asiago, parmesan, pecorino...

- Pâte pressée non cuite
  - Ex. : oka, cheddar, brick, gouda, mimolette, saint-nectaire, saint-paulin...

- Chèvre
  - Ex. : chabichou, crottin de chavignol, rocamadour...

- Pâte fraîche
  - Ex. : brocciu, brousse, ricotta

Comment servir l'eau ?

L'eau se sert dans une carafe. Elle doit être bien fraîche, mais pas trop froide. Évitez les glaçons. Lors d'un repas très chic, vous devez remplir les verres avant qu'on passe à table. Sinon, ce sont les invités eux-mêmes qui se servent. Veillez à avoir assez de carafes pour que les convives n'aient pas à déranger leurs voisins pour faire passer l'eau.

Comment servir le vin ?

Mis en carafe (ou du moins débouché, si on le laisse en bouteille) au moins une heure avant l'arrivée des invités, le vin est servi par le maître de maison. Ce dernier veille à tourner légèrement la bouteille ou la carafe après avoir servi un verre de manière à ne pas faire tomber de gouttes sur la nappe. Si le vin est servi en bouteille, celle-ci doit être tenue par le milieu et non par le fond ou par le goulot. L'hôte sert en premier les femmes, en commençant par celles assises à ses côtés (qui sont en général les femmes les plus importantes si l'on a bien établi son plan de table), puis il sert les hommes. Il ne remplit les verres qu'à moitié, pour que le bouquet puisse se dégager à son maximum.

Comment servir les gâteaux ?

La maîtresse de maison découpe le gâteau sur la table, à l'aide d'un couteau ou à l'aide d'une pelle à bord tranchant.

Comment servir le café ?

Le café peut être servi à table ou au salon. Le salon est en général préféré, mais inutile d'interrompre la conversation pour s'y déplacer. La tasse se sert bien sûr sur sa soucoupe, avec une petite cuillère, toujours posée sur la soucoupe (jamais dans la tasse!). Sur le plateau, apportez également le sucre, le lait et la crème, que les invités pourront ajouter à leur guise. Si vous servez le sucre en cubes, pensez à mettre une pince à sucre. Pour plus de détails sur la manière de servir le café, rendez-vous à la page 227.

Comment servir les digestifs ?

On sert toujours les digestifs au salon et pas immédiatement après le repas. Au courant de la soirée, vous pouvez proposer un digestif à vos invités. Les digestifs sont les eaux-de-vie (servies dans de petits verres à pied), les cognacs, les armagnacs (servis dans des verres à cognac).

Les verres

| Jus | Cognac | Porto |
| Whisky | Liqueur | Vodka | Flûte |

Comment desservir la table

C'est l'hôte ou l'hôtesse qui doit débarrasser. À moins d'un repas très convivial, refusez toujours que l'on vous aide dans cette tâche. Comme pour le service, desservir doit se faire de la manière la plus discrète possible.

Comment desservir l'apéritif ?

Veillez à débarrasser les verres ayant servi à l'apéritif au moment où les invités passent à table de manière à revenir dans un salon propre après le repas.

Quand desservir la table ?

Pas avant que tout le monde ait terminé ! Je conseille même d'attendre quelques minutes pour ne pas que la dernière personne à avoir fini ait l'impression que vous l'attendiez.

Quand changer d'assiette ?

Pour les repas mondains, changez d'assiette et de couverts avec chaque nouveau plat. Pour les dîners plus simples, changez d'assiette si vous avez servi du poisson et pour le fromage.

Comment desservir les assiettes ?

Les serveurs doivent retirer les assiettes par la gauche et les remplacer aussitôt par une nouvelle assiette par la droite. Quand c'est vous qui faites le service, retirez les assiettes par la droite. Vous devez les empiler sans mettre les restes dans une seule assiette. Les assiettes de présentation ne sont retirées qu'avant le fromage. Il est pratique d'avoir une desserte sur laquelle on peut placer les assiettes sales et qu'on peut ensuite rouler jusqu'à la cuisine. Cela évite bien des aller-retour périlleux avec des piles d'assiettes dans les mains!

Comment desservir les couverts?

Les couverts se placent au-dessus de la pile d'assiettes lorsque vous débarrassez. Lors d'un repas convivial, vous pouvez laisser les couverts afin qu'ils soient réutilisés pour le prochain plat. Vous pouvez alors mettre des porte-couteaux pour que les invités y déposent leur couteau sale afin de ne pas salir la nappe. Par contre, jamais lors d'un repas chic! Ce serait comme signifier à vos invités de faire attention car vous avez l'intention de réutiliser la nappe pour un autre repas!

Comment desservir les ménages?

Salière, poivrière, beurrier, etc. doivent être enlevés avant d'apporter le dessert.

Comment desservir le pain?

Le pain doit être retiré de la table avant l'arrivée du dessert.

4

▶ ▶ ▶

Les bonnes manières

Les bonnes manières

Avoir de bonnes manières, c'est avant tout savoir s'occuper de ses invités, savoir les mettre à l'aise. C'est agir avec courtoisie, sincérité, affabilité et considération à l'égard de tout le monde. Et c'est surtout une affaire de bon sens. Vous devez en tout temps montrer de l'aisance dans vos manières : il est donc très important de connaître sur le bout des doigts les choses à faire et à ne pas faire, de façon à ne jamais hésiter ou réfléchir à la façon d'aborder une situation.

Voici quelques règles de base de savoir-vivre qui, je l'espère, vous seront utiles lors de vos réceptions. Certaines règles vous paraîtront sans doute obsolètes, vestiges d'un passé qui ne vous ressemble pas. Surtout, restez vous-même! Libre à vous de choisir celles qui vous conviennent et, surtout, celles qui conviennent à votre réception. Il est important de savoir juger du niveau de formalité d'un événement afin d'y adapter ses manières. En effet, si vous vous montrez trop attentionné, trop prévenant lors d'un événement convivial, vous risquez de mettre vos hôtes mal à l'aise. Au contraire, montrer trop de familiarité lors d'un événement mondain peut vexer vos invités. Tout est affaire de mesure, de tact et, surtout, de jugement. Aujourd'hui, il est clair que les gens sont moins à cheval sur les bonnes manières (quoique, de grâce, pas de bruit en mangeant la soupe!). À vous de juger.

Je vous propose pour commencer un petit quiz qui vous permettra de juger de vos bonnes manières en tant qu'hôte ou hôtesse. Rappelez-vous : les bonnes manières sont souvent affaire de bon sens. Si votre score n'est pas à la hauteur, pas de panique : après avoir lu ce chapitre, vous serez devenu un as des bonnes manières!

Quiz

Êtes-vous un/e bon/ne hôte/sse ?

1. Vous recevez pour un dîner mondain et vous voulez envoyer des cartons d'invitation. Combien de temps à l'avance devez-vous le faire ?

a) 10 jours avant la réception.

b) De 2 à 3 semaines avant la réception.

c) De 1 à 2 mois avant la réception.

2. Sur le carton d'invitation, « tenue de ville » signifie...

a) Que vous pouvez porter des jeans si vous en avez envie.

b) Smoking et robe du soir.

c) Complet pour les hommes, tailleur ou robe cocktail pour les femmes.

3. Un invité se désiste au dernier moment et vous serez maintenant 13 autour de la table.

a) Au diable les superstitions, vous vous amuserez comme 13 petits fous !

b) Vous invitez votre sœur ou un proche qui ne se formalisera pas d'être invité au dernier moment.

c) Vous dressez un couvert de plus, même si la place reste vide.

4. Vous recevez pour une réception élégante. En tant qu'hôtesse, comment vous habillerez-vous ?

a) Vous porterez une robe longue de taffetas et des boucles d'oreilles en diamants.

b) Vous porterez une robe du soir noire, simple et élégante, avec un rang de perles.

c) Vous porterez votre jupe préférée recouverte d'un joli tablier, puisque vous serez souvent à la cuisine.

5. Vous recevez Sophie Bossé, votre voisine, et Yves Simon, votre avocat. Comment faites-vous les présentations ?

a) «Me Simon, permettez-moi de vous présenter notre amie et voisine, Madame Bossé.»

b) «Madame Bossé, permettez-moi de vous présenter Me Simon, notre avocat.»

c) «Monsieur Simon, laissez-moi vous introduire mademoiselle Sophie Bossé, notre voisine.»

6. En tant que maître de maison, au moment de vous asseoir à table, vous devez tirer la chaise de votre voisine...

a) de droite.

b) de gauche.

c) de gauche et de droite.

7. Pendant le dîner, combien de fois passe-t-on chaque plat ?

a) Une fois.

b) Deux fois.

c) Jusqu'à ce que le plat soit vide.

▶

8. Après le repas, que fait-on avec sa serviette?

a) On la plie en deux avant de la déposer sur la table.

b) On la dépose telle quelle à côté de son assiette.

c) On la dépose sur sa chaise.

9. Lors du repas, vous êtes soudain pris d'une envie pressante... Que faites-vous?

a) Vous vous excusez discrètement auprès de vos voisins de table et vous levez.

b) Vous vous levez et vous excusez à l'assemblée.

c) Vous attendez la fin du repas.

10. Comment tient-on ses couverts?

a) b) c)

11. Comment coupe-t-on ses légumes?

a) Avec son couteau.

b) Avec sa fourchette.

c) On ne les coupe pas.

12. Comment remplit-on sa cuillère de la dernière bouchée de potage?

a) En inclinant l'assiette creuse vers soi.

b) En inclinant l'assiette creuse vers son voisin d'en face.

c) On laisse la dernière bouchée dans l'assiette.

13. Qui commence à manger en premier?
a) Le maître de maison.
b) La femme à la place d'honneur.
c) La maîtresse de maison.

14. Comment coupe–t–on un fromage en pointe?

a)   b)   c)

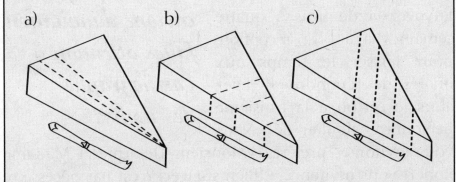

15. On sert un potage. Quand peut–on commencer à manger le pain?
a) En attendant le potage.
b) Avec la première bouchée de potage.
c) Après le potage.

Et maintenant, vérifiez si vous êtes déjà un maître des bonnes manières à la page 190.

Les invitations

Le carton

Vous pouvez convier vos invités par téléphone ou envoyer une invitation écrite. Tout dépend du style que vous voulez donner à votre réception. Pour un dîner d'apparat, un mariage, par exemple, une invitation écrite s'impose. Envoyez-la de trois à quatre semaines avant la réception, pour laisser le temps aux invités de répondre. Rédigez alors le carton à la troisième personne : au lieu de «Nous vous invitons», préférez «Monsieur Delorme et Madame Robert vous invitent…». Bien sûr, ceci n'est pas nécessaire pour une invitation à des amis pour un dîner informel. Un détail fondamental : prenez soin de bien orthographier les noms! Si vous voulez que vos invités répondent par téléphone ou par courriel, indiquez RSVP puis votre numéro de téléphone ou votre adresse électronique. Sinon, les bonnes manières veulent qu'ils répondent à l'invitation par écrit.

> *En rédigeant les cartons d'invitation, faites attention à l'orthographe des noms !*

Sport ou smoking ?

Indiquez sur le carton d'invitation la tenue souhaitée.

«Cravate noire» signifie smoking et robe habillée

«Tenue de soirée» signifie smoking et robe du soir longue

«Tenue de ville» signifie complet pour les hommes et, pour les femmes, tailleur ou robe cocktail.

«Tenue sport» signifie tenue décontractée.

La réciprocité

Il est important de rendre l'invitation à quelqu'un qui nous a déjà convié à une réception. L'idéal est de le faire dans les deux mois qui suivent.

Le nombre d'invités

Il est préférable de ne pas être 13 à table car les gens superstitieux croient que cela porte malheur, plus exactement que l'un d'eux mourra dans l'année! Pensez que si vous invitez 14 personnes, vous serez 13 si quelqu'un se désiste au dernier moment. Ayez donc toujours en tête un intime ou un parent qui ne se formalisera pas d'être invité à la dernière minute. Au fait, d'où vient cette croyance? Elle remonte aux origines du christianisme alors que Jésus et ses douze apôtres s'étaient réunis pour un repas la veille de sa mort.

La réception

Votre rôle

Votre rôle est de vous assurer que chacun de vos invités s'amuse et ne manque de rien. Votre rôle ne doit pas en être un de premier plan. Si vous êtes une femme, votre tenue se doit d'être élégante sans être toutefois spectaculaire : vous ne devez pas être la vedette! Laissez ce rôle à vos invités. Vous aurez bien la chance, quand ils vous inviteront à leur tour, de mettre la robe divine que vous avez eu la folie d'acheter! Ne monopolisez pas la conversation, mais aiguillez-la plutôt. Par exemple, vous pouvez mettre en évidence certains points communs entre deux invités afin qu'ils puissent entreprendre une conversation. «Pierre, savais-tu que, comme toi, Marie a passé l'été en Toscane l'année dernière?» ou «Monsieur et Madame Gagné ont une fille qui va à la même école que toi, Julie.» Vous lancez une conversation, puis vous vous éclipsez.

L'accueil

Lorsque vos invités arrivent, il est évidemment de première importance de les saluer. Si vous allez vous-même répondre à la porte, accueillez-les chaleureusement, puis prenez leurs manteaux pour les apporter au vestiaire (ou dans une pièce qui fait office de vestiaire). En revanche, si c'est votre conjoint (e), un de vos enfants ou la bonne qui répond à la porte, il est primordial de prêter attention aux allées et venues. Les nouveaux arrivés entrent au salon. Vous devez vous lever pour les saluer et les accueillir. Il est donc important de toujours être à l'affût de ce qui se passe autour de vous, de ne jamais vous laisser aller à oublier que vous êtes l'hôte. Eh oui, il est plus simple d'être l'invité! Notons que cette règle s'applique à l'homme comme à la femme. Si vous êtes un couple, vous invitez en

Si vous invitez en tant que couple, vous devez tous les deux accueillir chaque invité.

tant que couple, et donc vous devez tous les deux accueillir chaque invité. Si vous êtes en train de bavarder dans un groupe, levez-vous pour accueillir les nouveaux venus puis faites-leur une place et intégrez-les à la conversation.

Les présentations

Règle d'or : on présente toujours la personne la moins importante à la personne la plus importante. Par exemple : «Sophie Buisson (la plus jeune), Madame Dufresne (la plus âgée).» Parfois, il est plus difficile de faire la distinction entre deux personnes. Voici quelques critères qui devraient vous aider : l'âge, la situation sociale, l'importance lors de la réception (par exemple, un de vos hôtes est à l'honneur parce qu'il vient de se marier, d'être nommé sénateur, etc.), le niveau d'intimité avec vous (vous présenterez un ami proche à une vague connaissance). Les hommes sont toujours présentés aux femmes, sauf s'il s'agit d'une très jeune femme et d'un homme âgé. Les mêmes principes s'appliquent lorsque vous présentez des couples (sauf que l'ordre d'importance est parfois plus délicat à évaluer!). On nomme alors d'abord l'homme, puis la femme du couple.

Les titres

Vous pouvez ne donner que les noms de famille : «Monsieur Bélanger, Madame Marin.» Au Québec, de nos jours, à moins d'une adolescente qui serait gênée par le titre, il faut toujours appeler les femmes «madame», qu'elles soient mariées ou pas. En Europe, c'est seulement à partir de la quarantaine qu'une femme célibataire est appelée «madame». Vous pouvez toujours contourner la règle en disant «Marie Bélanger». Cependant, ne le faites que si Marie est jeune. Si un invité est avocat ou notaire, il est important de l'appeler «maître» et non «monsieur» ou «madame». Pour un médecin ou un dentiste, vous direz «docteur». À moins que vous sachiez que cela peut froisser la personne, quelqu'un qui possède un doctorat universitaire, mais qui n'est ni médecin ni dentiste, sera appelé «monsieur» ou «madame».

Les formules de présentation

Les bonnes manières veulent que vous utilisiez une formule de présentation. Par exemple :

• «Vous connaissez-vous? Laissez-moi vous présenter...»;

• «Puis-je vous présenter...»

• «Permettez-moi de vous présenter...»

• «Cher monsieur Massé, il y a longtemps que je voulais vous présenter monsieur Rivet, mon cousin.»

Pour situer la personne, vous pouvez ajouter un élément qui donnera des informations et, qui sait, entamera peut-être une conversation. Par exemple : «Pierre Dubé, notre voisin», «Stanislas Zebrowski, un ami de longue date de passage à Montréal», «Alexandra Parizeau, notre avocate»...

À quoi vous attendre de la part de vos invités ?

Heure d'arrivée

Les invités se doivent d'arriver de 5 à 10 minutes après l'heure à laquelle ils ont été invités. Ils ne devraient jamais arriver à l'avance, même de trois minutes ! Un retard de 20 minutes est encore acceptable. S'ils prévoient un retard de plus de 20 minutes, ils devraient vous téléphoner pour vous en avertir et devraient vous demander que vous passiez à table sans eux. Libre à vous, alors, de décider si vous préférez les attendre.

Les fleurs

S'ils le désirent, et surtout s'il s'agit d'une première invitation, les invités peuvent offrir des fleurs à l'hôtesse (seulement à une femme). Dans ce cas, les bonnes manières veulent qu'ils les fassent livrer avant la réception, accompagnées d'un petit mot. Rien de plus embarrassant que de devoir trouver un vase pour installer les fleurs pendant que toute la compagnie arrive… surtout si plusieurs de vos invités ont eu l'idée de vous apporter un bouquet ! Les fleurs coupées sont préférées aux fleurs en pot. Les fleurs à éviter : les œillets (qui portent malheur) et les chrysanthèmes (associés au deuil).

Suite page 170 ▶

Le langage des fleurs

Acacia .... Amour chaste

Acacia jaune .... Amour secret

Amaryllis .... Fierté

Améthyste .... Admiration

Anémone .... Attente

Branche d'olivier .... Paix

Camélia blanc .... Beauté parfaite

Canneberge .... Remède pour peine d'amour

Coquelicot rouge .... Consolation

Crocus .... Joie et jeunesse

Genêt .... Humilité

Géranium .... Rencontre attendue et espérée

Gerbe de blé .... Richesse

Jasmin jaune .... Élégance et grâce

Jonquille .... Je désire de l'affection en retour

Lilas blanc .... Pureté

Lilas pourpre .... Premiers émois en amour

Lis blanc .... Pureté, modestie et gentillesse

Magnolia	Amour de la nature
Marguerite	Patience
Mimosa	Sensibilité
Muguet	Retour du bonheur
Pivoine	Honte
Pommier	Tentation
Renoncule	Tu irradies de charme
Rose blanche	Je suis digne de toi
Rose blanche et rouge	Harmonie
Rose bourgogne	Beauté inconsciente
Rose jaune	Jalousie
Rose rouge	Amour passionné
Tournesol géant	Arrogance
Tulipe	Célébrité
Tulipe jaune	Amour désespéré
Tulipe panachée	Yeux superbes
Tulipe rouge	Déclaration d'amour
Violette blanche	Modestie
Violette bleue	Amour et fidélité
Violette pourpre	Tu occupes mes pensées

Les cadeaux

Les invités ne sont pas tenus d'offrir un cadeau à leur hôte. S'ils décident de le faire, ils doivent le faire très discrètement, dès leur arrivée, afin de ne pas embarrasser les autres invités qui n'en auraient pas apporté. L'hôte devra accepter le présent et le mettre dans une autre pièce, afin de ne pas gêner les autres convives.

Aller au petit coin

Il faut prendre ses précautions avant de passer à table! Car ce n'est qu'une fois le repas terminé que vos invités (et vous-même!) pourront se rendre aux toilettes. S'ils ne savent pas où elles se trouvent, ils devraient vous demander : «Où puis-je me laver les mains?»

Le départ

Si un ou plusieurs de vos invités sont dans l'obligation de prendre congé avant la fin de la réception, ils devraient vous en avertir dès leur arrivée. Leur départ devrait se faire le plus discrètement possible. Proposez-leur de les raccompagner à la porte, bien qu'ils devraient refuser pour ne pas vous déranger. Les derniers invités ne devraient pas s'attarder. Bien sûr, vous ne devez montrer en aucun cas que leur présence vous gêne.

Les remerciements

Les invités devraient vous remercier de votre accueil dans les jours qui suivent la réception. Ils peuvent vous téléphoner, vous envoyer une carte ou des fleurs.

La conversation

Plusieurs manuels de bonnes manières conseillent d'éviter certains sujets, comme la politique. Pour ma part, j'aime les débats à table. Mais, bien sûr, en tant que maîtresse de maison, je me dois de les «encadrer». Je m'arrange pour changer (et rapidement!) le sujet de la conversation si l'un des convives se retrouve dans une situation embarrassante, si je sens que l'on commence à se fâcher pour de bon, si plusieurs personnes se liguent contre une seule. L'art de guider la conversation n'est pas toujours simple. Si vous ne vous sentez pas les épaules assez solides pour diriger une conversation politique (difficile parfois de calmer les passions!), alors évitez tout sujet politique. Si vous vous en sentez capable, soyez certain, toutefois, que les divergences d'opinion de vos invités ne sont pas trop importantes : il est inutile (et même périlleux!) de commencer une discussion politique si vous savez que certains de vos invités ont des valeurs diamétralement opposées!

Le maître et la maîtresse de maison se doivent de ne jamais couper la parole, mais ils doivent être capables de faire subtilement dévier la conversation s'ils sentent qu'elle dérape. Préparez-vous une liste de sujets «neutres» (le dernier film que vous avez vu, le dernier resto à la mode, etc.), à sortir au besoin. Aussi, si vous voyez qu'un invité ne parle pas du tout, essayez de lancer la conversation entre lui et son voisin. Essayez de leur trouver des points communs : «Saviez-vous que Monsieur Duchamp est un fanatique de voile? Je crois me souvenir que vous-même en avez fait pendant vos dernières vacances...»
Faites également attention aux susceptibilités. Évitez, par

exemple, de complimenter un de vos invités sur un succès devant un autre qui vit une période difficile. Comme vous le constatez, recevoir peut demander une bonne dose de tact et de diplomatie.

À table

Madame est servie

Eh oui, si vous avez du personnel de service, c'est par cette phrase que l'on doit vous avertir qu'il est temps de passer à table! Lors de dîners officiels ou d'apparat, l'hôte donne le bras à la femme la plus importante (celle qui sera assise à sa droite) pour la conduire à table et il tirera sa chaise pour lui permettre de s'asseoir.

Comment s'asseoir

Les invités ne doivent prendre place qu'une fois que la maîtresse de maison est assise. Ne vous pressez pas, attendez que tout le monde soit autour de la table, mais ne tardez pas non plus. Les hommes doivent tirer la chaise de leur voisine de droite pour les aider à s'asseoir. Une fois assis, on ne doit pas s'appuyer contre le dossier et l'on doit garder le dos bien droit. Il ne faut pas non plus être penché au-dessus de la table. Les coudes, évidemment, ne doivent jamais être sur la table, même lorsque le repas n'est pas commencé ou qu'il est terminé. En attendant les plats, ne vous précipitez pas sur le pain ou sur le vin, même si on vous a servi. Gardez les mains de chaque côté de votre assiette. Évitez de toucher votre visage. Les mains restent sur la table.

Allergies, intolérances et régimes

Les invités ne doivent jamais refuser un mets. Une seule exception, et de taille : s'ils y sont allergiques ou ne peuvent en manger à cause d'une intolérance ou d'un régime alimentaire strict. Il est donc de votre responsabilité de ne pas les mettre dans cette situation et de vous enquérir des allergies, des intolérances alimentaires ou des régimes (végétarisme, par exemple) avant la réception. Pour ma part, j'indique sur le carton d'invitation de communiquer avec moi dans le cas de restrictions alimentaires. Je me fais un devoir de m'assurer qu'aucun mets ne contient d'aliment allergène. Un invité ne peut manger de noix? Toutes les noix sont bannies de ma cuisine et je fais un lavage méthodique avant de commencer à cuisiner. Lors des goûters d'enfants, je bannis d'office les noix, les amandes, le sésame et les arachides. Je fais également attention que le chocolat que j'emploie dans mes recettes ne porte pas la mention « peut contenir des traces de… ». Je veux pouvoir certifier à mes invités que tout est sans risque et je ne veux pas du tout me retrouver à devoir appeler une ambulance !

Dans le cas du végétarisme, d'un régime à caractère religieux ou de restrictions alimentaires dues à la grossesse ou à l'allaitement, je porte la même attention. Par exemple, pour les végétariens, assurez-vous qu'il n'y a pas d'aliments de source animale cachée : par exemple, la gélatine (faite avec des os d'animaux), le saindoux (graisse de porc), le carmin (cochenilles).

En revanche, s'il s'agit d'un régime amaigrissant, je préfère que mes invités n'en parle pas : je ne vais pas faire de repas diététique pour tout le monde! Je peux toutefois mentionner aux personnes intéressées les ingrédients qui entrent dans la composition des plats. Il est impoli de refuser un plat sous prétexte qu'on ne veut pas grossir, mais on peut très bien ne pas se resservir!

Se servir

Il ne faut pas choisir exprès le meilleur morceau. Il ne faut pas couper un morceau dans le plat pour en prendre la moitié. Il ne faut pas prendre plusieurs morceaux dès le début : mieux vaut se resservir. Lorsque l'on se sert, on utilise les deux couverts de service. On les replace ensuite dans le plat, les dents vers le bas pour la fourchette et le dos vers le haut pour la cuillère. Tous les plats passent deux fois, sauf le plateau de fromages, qui ne passe qu'une seule fois.

La serviette

La serviette ne se déplie pas au complet. Elle reste pliée en deux dans le sens de la longueur et elle se dépose sur les genoux. Inutile de mentionner qu'on ne la met pas dans son col à la façon d'un bavoir! Quand on a terminé, on pose la serviette sur la table, à côté de l'assiette. Il ne faut pas la replier, mais la déposer telle qu'elle est.

On mange!

Les couverts

La fourchette se tient dans la main gauche et le couteau, dans la main droite. L'index n'est jamais sur la lame du couteau ou sur le dos de la fourchette, mais toujours sur le manche. Bien sûr, on ne porte jamais un couteau à sa bouche. On tient toujours les couverts à l'horizontale, jamais en l'air. La fourchette vient à la bouche, la bouche ne va pas à la fourchette. Le couteau peut pousser des aliments sur la fourchette, si on ne parvient pas à les y faire tenir sans cela. Ou alors on se sert d'un morceau de pain. En France, on privilégie le pain, en Angleterre, le couteau. On doit manger tout le morceau qu'il y a sur la fourchette. Si on a piqué une carotte, par exemple, il est interdit de la couper avec les dents et de manger seulement la moitié. Prenez donc soin de couper de petits morceaux de viande et de légumes avant de les porter à votre bouche. Les légumes se coupent avec la tranche de la fourchette de la main droite, pas avec le couteau. Entre deux bouchées, on ne laisse pas les couverts appuyés sur l'assiette, le manche tombant sur la table. On les place de biais, au centre de l'assiette. Il ne faut pas les croiser. Quand on a terminé, on place toujours les couverts parallèles, à l'intérieur de l'assiette.

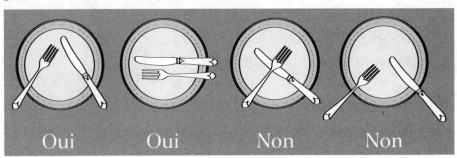

Oui   Oui   Non   Non

Au XIe siècle, l'Église condamnait l'usage de la fourchette. Seules les mains de l'homme, créées par Dieu, étaient dignes de porter à la bouche les fruits de la Nature. Ce qui nous épargnerait aujourd'hui bien des tracas !

L'assiette

On ne doit jamais bouger son assiette. Vous auriez préféré la viande près de vous plutôt que les haricots ? Tant pis ! On n'incline pas l'assiette non plus pour ramasser les derniers morceaux ou les dernières gouttes de sauce. On les laisse ! Pareil pour l'assiette creuse contenant la soupe : on ne l'incline jamais.

Le verre

On tient le verre par la coupe et non par le pied. Avant de boire, on s'essuie la bouche délicatement. On ne commence pas à boire avant d'avoir commencé à manger. Si le maître de maison ne remplit pas systématiquement les verres de ses invités, il est permis de se servir soi-même à boire. Il n'y a qu'une exception : lors d'un dîner d'apparat, une femme ne devrait pas se servir elle-même. C'est à son voisin de le faire. Elle peut lui indiquer subtilement qu'elle désire être servie en déplaçant son verre ou en le levant de quelques centimètres. Lorsqu'on se sert, on peut servir également ses voisins. Si l'invité ne veut plus de vin, il l'indiquera d'un geste, sans toutefois recouvrir son verre de la main.

Commencer à manger

Une fois que tout le monde est servi, c'est à la maîtresse de maison de commencer à manger. C'est le signal : tous les convives peuvent alors commencer. Si un des invités mange lentement, la maîtresse de maison doit faire un effort pour garder quelque chose dans son assiette afin de ne pas le laisser manger seul. Tous les invités doivent manger à un rythme normal, ni trop vite, ni trop lentement. Une fois les assiettes vides, la maîtresse de maison doit resservir ses invités, sans toutefois se montrer trop insistante.

Le rince-doigts

Le rince-doigts est un bol d'eau citronnée. Il ne faut pas s'y laver les mains ! On y trempe ses doigts rapidement, puis on les essuie avec sa serviette.

Une attention particulière

Certains plats et aliments demandent un savoir-faire particulier. En tant qu'hôte ou hôtesse, vous vous devez d'avoir des manières irréprochables, d'autant plus que lorsqu'un invité se demandera comment manger un plat, c'est vous qu'il regardera et qu'il imitera. Voici des informations qui vous aideront.

Le potage

On ne souffle pas sur le potage. On mange par le côté de la cuillère si on opte pour les manières anglaises, par le bout de la cuillère si on opte pour les manières françaises. On n'incline jamais l'assiette pour recueillir les dernières gouttes.

Le pain

On doit rompre un petit morceau de pain, que l'on met en entier dans sa bouche. On ne mord pas dedans. On ne le coupe pas avec son couteau, on ne sauce pas. Si on met du beurre, on ne le tartine pas, mais on dépose un petit morceau sur le bout de pain qu'on a rompu. Lors d'un dîner convivial, il se peut qu'il n'y ait pas d'assiette à pain. Le morceau de pain se pose alors sur la table, et non dans l'assiette. On ne ramasse pas les miettes. On ne mange pas le pain avant le repas : on attend que le potage soit terminé ou, s'il n'y a pas de potage mais une entrée, on le mange seulement une fois que l'on a mangé trois ou quatre bouchées de l'entrée (comme pour le vin).

Les entrées

Les coquillages

Huîtres, moules et autres coquillages ne sont pas faciles à manger. Voici quelques conseils pour éviter d'éclabousser vos voisins ! On ne porte jamais le coquillage à sa bouche. C'est à l'aide d'une fourchette conçue à cet effet que l'on détache la chair du coquillage. On tient la coquille avec la main gauche et la fourchette avec la main droite. Si vous voulez récolter le jus, faites-le à l'aide d'un morceau de pain piqué sur la fourchette. Parfois, dans le cas des moules particulièrement, on donne aussi une cuillère pour manger la sauce.

Les crustacés

Lorsque vous servez des crustacés, c'est à vous de les préparer de manière à ce que vos invités n'aient aucun problème à les manger. La carapace doit déjà être découpée et la chair, détachée. Lors d'un repas convivial, on peut proposer un casse-noix (posé à la gauche de l'assiette). Les invités sont alors autorisés à prendre les pinces des crustacés avec leurs doigts. Prévoyez donc un rince-doigts, que vous poserez à la droite de l'assiette. Lorsqu'on déguste un homard ou un crabe, par exemple, en aucun cas ne doit-on porter une pince ou une patte à sa bouche. Ce que l'on ne parvient pas à détacher avec une fourchette, on le laisse... tant pis! Pour ce qui est des écrevisses et des langoustines, on coupe la tête avec le couteau. Puis, on coupe les pattes. On enlève la carapace avec le couteau en maintenant la chair avec la fourchette. Et l'on déguste avec la fourchette.

Ce que l'on ne parvient pas à détacher avec une fourchette, on le laisse... tant pis!

Les escargots

On tient l'escargot solidement avec la pince conçue à cet effet. Ensuite, on retire la chair à l'aide d'une fourchette à escargot. Il ne faut pas saucer le pain dans le beurre. Si on y tient, on peut utiliser sa fourchette pour tremper un petit bout de pain dans le beurre.

Le caviar

Le caviar ne doit pas se servir trop froid. On le pose sur de la glace concassée, mais il doit être frais et non glacé. On le met sur un bout de pain à l'aide d'un couteau, ou sur un blinis. Les blinis se mangent à la fourchette. Sinon, on déguste le caviar à la cuillère.

Le foie gras

Une règle importante : le foie gras ne s'écrase jamais. (Ce serait une véritable hérésie!) Sa saveur et sa texture en seraient altérées. On dépose le morceau sur le pain proposé.

Les pâtes

S'il s'agit de pâtes larges, comme des raviolis ou des cannellonis, il faut les couper avec le côté de la fourchette sans se servir du couteau. Bien sûr, on ne coupe jamais les pâtes longues, comme les spaghettis, les tagliatelles ou – même s'ils sont presque impossibles à manger! – les bucatinis. On doit enrouler quelques pâtes autour de sa fourchette... sans utiliser de cuillère.

Les légumes

Tous les légumes se coupent avec la tranche de la fourchette et non avec le couteau.

 ## Les asperges

Comment manger les asperges? Avec les doigts! Sauf dans le cas de repas d'apparat ou si elles sont pleines de vinaigrette. Dans ce cas, elles se mangent avec la fourchette. Elles se coupent avec la tranche de la fourchette et non avec le couteau, comme les autres légumes.

 ## La salade

On ne doit pas couper les feuilles dans son assiette. C'est pour cela que lorsque vous la préparez pour vos invités, il est important de couper la salade en morceaux assez petits pour que vos invités ne soient pas gênés par la taille des feuilles (on la coupe avec les mains ou avec un couteau en plastique, jamais avec un couteau ou des ciseaux en métal car elle s'oxyderait). Si elles sont tout de même trop grandes, il faut les plier avec la fourchette.

Les fromages

On ne mange pas la croûte, sauf lorsqu'elle est très fine ou aromatisée aux herbes. Pour l'enlever, on la coupe avec le couteau tenu dans la main droite, en stabilisant le morceau de fromage à l'aide d'un morceau de pain. On coupe ensuite un morceau de fromage que l'on pose sur le pain. On ne le tartine pas. On dépose alors son couteau et on amène le morceau de pain à sa bouche avec la main droite.

Comment couper les fromages?

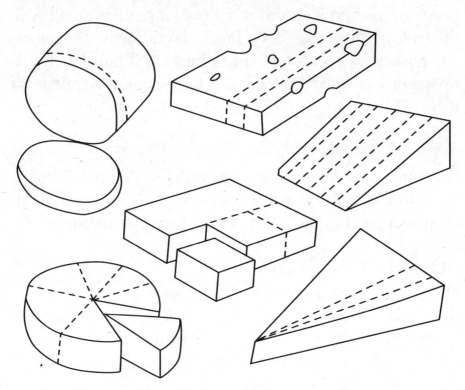

C'est la forme du fromage qui dicte la manière de le couper. Lorsqu'on se trouve face à un fromage rond, on le coupe en quartiers. S'il est en pointe, on le coupe en parts triangulaires. Un fromage carré est coupé soit en languettes, soit en quartiers. Si on se trouve devant une bûchette (de fromage de chèvre, par exemple), on la coupe en rondelles. En règle générale, donc, on coupe un fromage en suivant sa forme originelle. Ainsi, par exemple, on ne coupe jamais une pointe de fromage de biais. Et c'est logique : la partie la plus crémeuse se trouve au centre, il serait donc impoli de la couper et de la manger en entier.

Les fruits

Première règle : les invités ne peuvent pas tâter les fruits dans le panier pour choisir le meilleur. Donc, vous vous devez de ne servir que des fruits de première qualité. Ils doivent toujours être servis lavés : lavez même les pelures des melons et les écorces d'agrumes car il faut les débarrasser des pesticides et des bactéries qui pourraient s'y trouver et se propager à la pulpe avec la lame du couteau.

Les figues

On coupe la figue en quatre en veillant à ne pas détacher les morceaux. Avec le couteau, on prélève la pulpe de chaque quartier, que l'on mange au fur et à mesure.

Les fruits à noyau

On doit cracher dans le creux de sa main (la main très proche de votre bouche) les noyaux des cerises ou des petites prunes, par exemple, et ensuite les déposer discrètement sur le bord de son assiette. Bien sûr, sans bruit !

Les abricots

Les abricots se séparent facilement en deux avec les mains,. On mange donc une partie après l'autre. On ne les pèle pas.

Les bananes

On les pèle à la main ou bien on entaille la peau sur la longueur à l'aide de sa fourchette. Ensuite, on coupe la chair en rondelles, toujours avec sa fourchette. Et on les mange… à la fourchette!

Les petits fruits

Les fraises, les framboises et les bleuets se mangent à l'aide d'une petite cuillère. Il est donc important d'en prévoir. On doit servir les petits fruits prêts à manger, c'est-à-dire que l'on équeute les fraises et qu'on les lave. Il faut faire attention en lavant certains fruits, les framboises par exemple, car ils sont très délicats. Il faut les passer rapidement sous l'eau. On les pose ensuite sur du papier absorbant afin de les sécher.

Les melons

Lorsque le melon est présenté en tranches, on utilise son couteau pour séparer la pulpe de l'écorce. On mange alors le fruit à l'aide de sa fourchette. Pour un demi-melon, il faut utiliser une petite cuillère.

Les pêches

Il est permis de peler les pêches. On le fait avec un couteau en tenant le fruit dans l'assiette avec une fourchette.

Les pommes et les poires

On les coupe en quatre en tenant le fruit avec la main gauche. Si l'on désire les peler, c'est le quartier que l'on pèle et non le fruit en entier. On mange les quartiers pelés au fur et à mesure qu'ils sont prêts.

 ## Le raisin

Lorsque vous servez du raisin, présentez-le en petites grappes que vous aurez coupées à l'aide de ciseaux de cuisine. Ainsi, les invités n'auront pas à les détacher eux-mêmes ou ne tireront pas les grains n'importe comment de la grosse grappe. On ne met pas plusieurs raisins dans sa bouche en même temps. Comme pour les noyaux de cerises, si l'on veut cracher les pépins, on le fait au creux de sa main, puis on les dépose sur le bord de l'assiette.

Le signal du départ

Après le café et les digestifs, vous pouvez donner le signal du départ à vos invités. Comment? Proposez des rafraîchissements (de l'eau, des jus de fruits). Vos invités devraient comprendre qu'ils disposent alors d'une dizaine de minutes pour s'éclipser. Cependant, sachez que vous ne devez pas donner ce signal moins de deux heures après la fin du repas.

Du tact!

Comment réagir à des situations embarrassantes? À des événements impromptus? Avec tact, bien sûr!

Le conseiller qui sait tout

Quelqu'un vous donne conseil par-dessus conseil, vous explique que vous auriez dû faire ceci et cela... Il est parfois difficile de ne pas prendre les conseils pour des critiques déguisées, mais... gardez votre calme! Remerciez la personne de ses commentaires et expliquez avec assurance que vous ne faites pas les choses de la même manière, que vous aurez beaucoup de plaisir à voir comment cette personne fait les choses lorsque vous serez invité chez elle. Changez vite de sujet de conversation ou intégrez quelqu'un d'autre à la conversation avant de vous éclipser.

L'invité surprise

Lors d'une grande réception, un invité arrive sans avoir répondu. D'abord, évitez cette situation. Vous avez envoyé une invitation et demandé de répondre avant une certaine date? La date passée, n'hésitez pas à rappelez les invités qui n'ont pas répondu pour être sûr qu'il ne s'agisse pas d'un oubli. S'ils vous répondent qu'ils ne peuvent réellement pas venir, surtout n'insistez pas. Leur excuse vous semble bidon? Ne le laissez pas paraître : ils ont certainement des raisons valables, mais personnelles. Si quelqu'un qui n'a pas répondu par l'affirmative à votre invitation et que vous n'avez pas réussi à joindre se présente de façon impromptue, ne paniquez pas. Faites tout pour qu'il se sente le bienvenu. Les entrées sont comptées? Offrez-lui la vôtre (il refusera certainement). Lui ajouter une chaise en bout de table n'est pas mal élevé… Simplement, faites en sorte que les autres invités ne soient pas embêtés par cette arrivée inopinée. N'oubliez pas : c'est lui qui a commis un impair, ce n'est ni vous, ni les autres.

Les petits monstres

Vous avez invité des amis avec leurs enfants… qui se révèlent être de véritables petits monstres, des tornades incontrôlables. Que faire? Discipliner les enfants des autres est quelque chose à éviter. Si vous attendez des enfants, commencez par préparer la maison en fonction d'eux. Cachez tous les objets de valeur qui pourraient se casser. Ensuite, préparez des activités pour les occuper. Ce sont les enfants qui s'ennuient qui deviennent des monstres. Ayez des cahiers à colorier et des jeux (à sortir l'un après l'autre pour créer un effet de nouveauté). Vous pouvez aussi leur donner de petits sacs à surprises. Si les enfants se conduisent tout de même mal, avertissez les parents plutôt que les enfants. Et, surtout, avec tact! Ne dites pas que vous avez peur pour vos objets, mais plutôt que vous avez peur que l'enfant se fasse mal. C'est tellement plus facile à accepter pour un parent! Ainsi, il ne sentira pas que vous faites un commentaire sur leurs capacités de discipline.

Votre petit monstre

Quel petit monstre? Le mien? Mais non, voyons, il est trop bien élevé! Malgré les bonnes manières que vous lui avez bien sûr inculquées, si votre enfant pense que comparer grand-tante Annette à un troll est un compliment, changez le sujet de la conversation et n'en faites pas tout un plat. Tous les adultes savent qu'il faut prendre les commentaires d'un enfant pour ce qu'ils sont : des propos d'enfant! (Vous devriez tout de même lui mentionner le lendemain que certains commentaires peuvent être blessants, même pour sa grand-tante qui le connaît et qui l'aime!) S'il arrivait toutefois que votre enfant se montre vraiment impoli envers un de vos invités (surtout s'il ne s'agit pas d'un intime), intervenez. Présentez vos excuses à la personne concernée et emmenez votre rejeton dans sa chambre pour avoir une conversation seul à seul avec lui. Surtout, ne vous fâchez pas : si vous voulez que la réception se déroule bien, ne sortez pas de vos gonds et laissez pour plus tard les leçons de discipline. Faites-lui calmement savoir que vous n'appréciez pas sa conduite.

Un plat en plus

Surprise! Un invité apporte un plat que vous n'attendiez pas! Une seule option s'offre à vous : le servir. Même s'il ne va pas du tout avec le reste du repas, même s'il y aura trop à manger...

Un objet de valeur en mille morceaux

Un invité casse votre plus beau vase. Vous êtes dévasté. Il vous faudra cependant faire en sorte de ne pas le montrer. Votre hôte est probablement dans ses petits souliers. Ramassez les morceaux le plus vite possible et n'en parlez plus. C'est le lendemain que vous pleurerez toutes les larmes de votre corps.

Une nappe tachée

Quelqu'un renverse un verre de vin sur votre belle nappe. Surtout, n'ayez pas l'air malheureux ou fâché! Réparez rapidement les dégâts, sans interrompre le rythme de la soirée. Vous ferez nettoyer votre nappe, voilà tout! Il est important que la personne qui a commis la gaffe se sente le moins mal à l'aise possible.

Un invité éméché

Un invité se retrouve dans un état d'ébriété avancé. C'est que le vin était bon! Première chose à faire : vous assurer qu'il ne repartira pas au volant de sa voiture. Proposez-lui de s'étendre un moment, apportez-lui un verre d'eau. Ensuite, organisez son retour à la maison. Demandez à un autre invité ou à votre conjoint de le raccompagner.

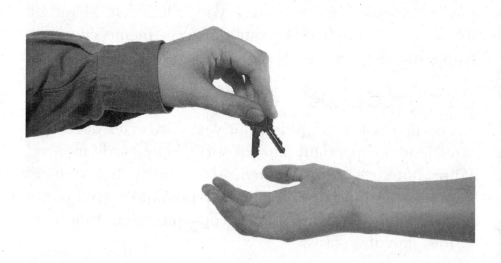

Les voisins

Trois jours avant la fête, prévenez vos voisins que vous allez recevoir (surtout si la réception a lieu au jardin) et que vous espérez qu'ils ne seront pas incommodés par le bruit. Mentionnez-leur qu'ils peuvent vous appeler (préparez un carton avec votre numéro de téléphone) si jamais ils veulent que vous baissiez le volume. Si vous avez des relations amicales avec eux, mais que vous ne désirez pas les inviter, précisez qu'il s'agit d'une réception intime. S'il s'agit d'une grande fête, dites qu'il s'agit de l'anniversaire de votre grand-mère... Ainsi, ils ne seront pas vexés de ne pas être invités.

En manque de victuailles

Il n'y a pas assez à manger. Voilà une situation qui ne devrait jamais arriver! Il est impératif de préparer plus de nourriture que nécessaire. Vous congèlerez les restes.

Réponses au quiz de la page 158

1. b) De 2 à 3 semaines avant la réception.

Ainsi, vos invités auront tout le temps de vous répondre par téléphone, par courriel ou par la poste. Notez que si vous recèvez pour un mariage ou pour un événement de cette envergure, vous devez envoyer les cartons de 6 à 8 semaines avant l'événement.

2. c) Complet pour les hommes, tailleur ou robe cocktail pour les femmes.

« Tenue de ville » ne signifie pas tenue de tous les jours, ni tenue décontractée, mais cela ne signifie pas non plus qu'il faille se mettre sur son 31. Le complet n'est pas obligatoire si vous n'en portez jamais. L'important, c'est d'être propre et d'avoir du style.

3. b) Vous invitez votre sœur ou un proche qui ne se formalisera pas d'être invité au dernier moment.

Peut-être n'êtes-vous pas superstitieux, mais il est important de respecter les autres. Afin de ne pas courir le risque qu'un invité se sente mal à l'aise, il est mieux d'éviter d'être 13 à table.

4. b) En robe du soir noire, simple et élégante, avec un rang de perles.

Vous devez être d'une élégance absolue. Cependant, vous ne devez pas occuper l'avant-scène. Votre rôle d'hôtesse est de mettre vos invités en valeur, ce sont eux qui doivent être les vedettes de la soirée!

5. b) «Madame Bossé, permettez-moi de vous présenter Me Simon, notre avocat.»

On présente toujours l'homme à la femme, sauf s'il s'agit d'une très jeune fille et d'un homme plus âgé. À noter qu'au Québec, on appelle les femmes «madame» à moins qu'elles ne soient adolescentes. (En France, une femme célibataire de moins de 40 ans est toujours appelée mademoiselle.) Aussi, il est important d'appeler un avocat «maître» et non «monsieur» (et un médecin «docteur»). À noter : un anglicisme courant au Québec et à proscrire totalement : «introduire» à la place de «présenter»!

6. a) De droite.

La place d'honneur pour une femme étant à la droite du maître de maison, c'est donc sa chaise que vous tirerez. Lors d'un repas formel, on essaie d'alterner hommes et femmes. Ainsi, l'homme à la gauche de votre voisine de gauche tirera sa chaise. Cependant, si, pour une raison ou pour une autre, il ne peut le faire (vieil homme ou avec des béquilles, par exemple) ou si vous n'avez pas pu alterner hommes et femmes, il vous incombe de vous occuper d'elle également. Le rôle du maître de maison est de s'occuper de tous ses invités, en particulier de ceux de son côté de la table.

7. b) Deux fois.

Chaque plat est passé deux fois, sauf le plateau de fromages, qui n'est passé qu'une fois. S'il reste de la nourriture, vous vous régalerez le lendemain!

8. b) On la dépose telle quelle, à côté de son assiette.

Il ne faut pas la plier. Il ne faut pas la laisser sur la chaise ou dans son assiette, mais la déposer à côté de son assiette vide. Lors du repas, elle était, bien sûr, sur vos genoux, pliée en deux dans le sens de la longueur.

9. c) Vous attendez la fin du repas.

On ne doit pas se lever pour aller aux toilettes pendant le repas. Il est donc préférable de prendre ses précautions avant de se mettre à table. Le meilleur moment est celui où les invités se lèvent pour se rendre au salon.

10. a) Les doigts doivent être sur le manche et non sur la lame du couteau ou sur les dents de la fourchette.

On ne tient pas les couverts dans ses poings.

11. b) Avec sa fourchette.

C'est avec la tranche de sa fourchette que l'on doit couper les légumes, de la main droite. Bien sûr, il existe des exceptions, comme les asperges, qu'on peut manger avec les doigts. On doit manger tout le morceau qui se trouve sur la fourchette, et jamais n'en croquer qu'une partie.

12. c) On laisse la dernière bouchée dans l'assiette.

Il est impoli de bouger les assiettes, quelles qu'elles soient. Vous devez donc laisser les dernières gouttes de potage. Cela montre aussi que vous n'êtes pas affamé, ce qui est une autre marque de politesse.

13. c) La maîtresse de maison.

Une fois tous les convives servis, c'est à la maîtresse de maison de prendre la première bouchée. C'est le signal qui indique aux autres qu'ils peuvent commencer. Cependant, si elle doit se rendre à la cuisine et que le plat ne peut pas attendre, elle peut dire à la compagnie de commencer.

14. a) On coupe un fromage en pointe en suivant sa forme.

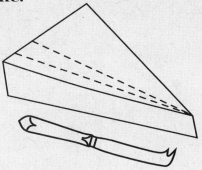

15. c) Après le potage.

On doit attendre d'avoir terminé son potage pour entamer son pain. Si l'on ne sert pas de potage, on commence à le manger après la deuxième ou la troisième bouchée de l'entrée.

5

▶ ▶ ▶

*Faire appel à
des professionnels*   ▼
⋮
▼

*Faire appel à
des professionnels*

Faire appel à des professionnels

Quand on planifie un événement de grande importance – un mariage, par exemple – il est courant de faire appel à des professionnels : coordonnateur, traiteur, pâtissier, serveurs… la liste est longue. Mais on pense rarement à faire appel à eux lorsqu'on organise une fête de moindre importance : on a tort! Que votre fête soit petite ou grande, ces spécialistes vous feront découvrir de nouvelles manières de recevoir et de vous amuser.

Le coordonnateur d'événements

Qui est-il ?

Le coordonnateur d'événements est le spécialiste par excellence de la planification. C'est l'expert ès fêtes! Le moins qu'on puisse dire, c'est qu'il maîtrise l'art de recevoir. Mais on connaît mal son travail, ce qui fait qu'on hésite souvent à faire appel à ses services. Pour ma part, je n'avais même pas soupçonné l'existence d'un tel expert jusqu'au jour où j'ai commencé à planifier mon mariage. Je voulais une réception simple, à l'image de ce que nous sommes, mon mari et moi. Au début, je voulais tout organiser moi-même, mais j'ai vite perdu les pédales. Un mariage, bien sûr, n'est pas une fête ordinaire. En plus du stress des préparatifs, les futurs mariés (même s'ils sont sûrs de vouloir faire le grand saut!) vivent des moments d'angoisse qui rendent le terre-à-terre de l'organisation parfois bien ardu. C'est pourquoi j'ai fait appel à une coordonnatrice de mariage.

Au début, bien sûr, j'ai vu cela comme une défaite. Quoi? Moi qui aime tant préparer des fêtes, recevoir, j'allais demander à quelqu'un de m'aider? Eh oui! Et c'est une des meilleures décisions que j'aie jamais prises.

Premièrement, j'ai beaucoup appris. C'est elle qui m'a donné des trucs qui me servent encore aujourd'hui dans la planification de mes réceptions. Par exemple, c'est elle qui m'a donné l'idée de faire un dossier de style pour chaque événement que je prépare, avec des coupures de magazine dont l'esthétique, l'atmosphère ou les couleurs m'inspirent (rendez-vous à la page 50 pour plus de détails). Elle s'est occupée d'absolument tous les aspects de la réception (je n'étais jamais loin derrière elle, bien sûr!). Elle m'a aidée à déterminer mon style (grâce à une recherche approfondie) et m'a conseillée pour tout ce qui était papeterie et décoration, mais aussi elle

Le coordonnateur d'événements, c'est l'expert ès fêtes!

m'a appris sur quels critères me baser pour choisir les fournisseurs et le personnel pour ma réception. De plus, elle s'est chargée (comme un véritable régisseur de théâtre!) de voir à ce que la cérémonie se déroule exactement comme je l'entendais. Le jour J, elle était là non seulement pour voir à ce que tout aille comme sur des roulettes, mais aussi pour me calmer et me guider, alors que j'étais dans un état d'émotion si intense que je me sentais toute désorientée. Ainsi, j'ai appris une chose importante lors de mon mariage : on a toujours besoin de quelqu'un qui s'y connaît plus que soi. Comme il est bon, parfois, de se décharger de quelques responsabilités !

Un coordonnateur de mariage est aussi – on l'oublie trop souvent! – un coordonnateur d'événements. C'est-à-dire qu'il peut s'occuper de toutes vos réceptions, pas seulement des plus grandioses!

Pourquoi faire appel à lui?

Le coordonnateur d'événements peut, si vous le désirez, s'occuper de tout, de A à Z. Vous aurez même l'impression d'être invité à votre propre fête! Il peut choisir les invitations, les envoyer et même donner son numéro de téléphone pour le RSVP afin de gérer les présences. Il s'occupe de décorer le lieu de la réception et c'est lui qui gère l'ensemble des services, comme le traiteur, les serveurs, etc. C'est aussi lui qui décore la salle de réception. Il peut même être là le jour de l'événement pour s'assurer que tout se déroule à la perfection. Bien sûr, ce ne sont pas toutes les réceptions qui nécessitent une telle aide. Pour un dîner intime à la maison, je ne vois pas pourquoi je ferais appel à ses services. Mais pour le quarantième anniversaire de mariage de mes parents, pour lequel j'ai l'intention d'inviter au moins deux cents personnes, d'installer un chapiteau dans le jardin et... bref, il est absolument certain que j'aurai mon planificateur! Mais, entre ces deux extrêmes, il existe une panoplie de réceptions qui peuvent bénéficier des conseils de ce spécialiste. Une fête d'enfants, par exemple. Où trouver un clown? Un magicien? Des marionnettistes? Un des grands atouts du coordonnateur d'événements est qu'il connaît tout et tout le monde. Il saura qui engager et comment préparer la maison pour recevoir les artistes.

Mon voisin Jean-Bernard a eu une idée merveilleuse pour les 10 ans de son fils Jérémie. Comme le petit est fou des animaux, son père a fait venir à son anniversaire un zoologiste avec des iguanes, des serpents et des lézards. Les enfants en parlent encore! Je me demande si j'aurais pu avoir cette idée toute seule... Quoi qu'il en soit, c'est encore là que le planificateur d'événements peut être utile : il est au courant de toutes les activités possibles et imaginables (et même inimaginables!). Si un aspect de la réception vous donne du fil à retordre, si vous n'avez pas assez

Vous aurez l'impression d'être invité à votre propre fête!

de temps pour vous occuper de tous les détails, alors n'hésitez pas à faire appel à un expert. Une autre raison – et non la moindre! –, c'est qu'il connaît tout le monde et que tout le monde le connaît. Ce qui veut dire qu'il a les meilleurs prix. Il a une banque de fournisseurs avec qui il fait généralement affaire. Comme il leur donne beaucoup de contrats, les fournisseurs lui font de bons prix, et c'est vous qui en profitez!

Comment le choisir?

Comment trouver chaussure à son pied? Plusieurs agences existent : à vous de trouver celle qui convient à vos goûts et à vos besoins. Certaines agences haut de gamme ne s'occupent que d'un événement à la fois afin de s'impliquer à fond; d'autres gèrent plusieurs événements en même temps et peuvent s'occuper pour vous d'un détail en particulier sans coordonner toute votre réception. Évidemment, la meilleure manière de choisir quelqu'un qui vous convienne est de voir son travail. Si vous êtes allé à un mariage, à un événement corporatif ou à une fête dont le style vous a particulièrement plu, demandez qui l'a organisé. Vous pourriez être surpris : les gens font plus souvent que vous pensez appel à des coordonnateurs d'événements.

Sinon, prenez rendez-vous avec plusieurs personnes afin qu'elles vous montrent leur portfolio. Cela vous donnera une bonne idée de leur style et vous permettra de voir si vous êtes sur la même longueur d'ondes. Un conseil : optez pour un coordonnateur qui a beaucoup d'expérience (il aura une plus longue liste de fournisseurs, donc plus de possibilités de bons prix !) et qui a plusieurs styles dans son portfolio (ce qui prouve qu'il sait s'adapter à tous les goûts, et donc à vos goûts à vous !).

Comment ça se passe ?

Lors de la première rencontre, le coordonnateur viendra vous montrer son portfolio. Il vous demandera également quel type de fête vous désirez et pour quels aspects de la réception vous avez besoin de lui. Souvent, à cette étape, on n'a pas encore une idée très claire de ce que l'on veut. Parler avec lui vous permettra certainement de rendre la fête à venir plus concrète.

Ensuite, vous discuterez du style que vous voulez donner à votre réception. J'aime bien recevoir les coordonnateurs chez moi : ils peuvent ainsi mieux comprendre qui je suis, quels sont mes goûts. Car on a beau parler, parler... rien ne vaut le coup d'œil ! Je leur fais visiter la maison et je les laisse s'imprégner de mon univers. Aussi, je leur souligne des éléments de décoration que j'aime particulièrement. Par exemple, la merveille que m'a offerte mon mari, il y a quelques années : un plafonnier de style art nouveau au motif floral. Si je le montre au coordonnateur, ce n'est pas forcément pour lui indiquer que je veux donner à ma fête le style art nouveau, mais pour lui donner une idée de mes goûts et lui permettre (s'il a du talent !) de cerner ma personnalité. Ainsi, lorsqu'il me proposera des éléments de décoration, il y a de bonnes chances qu'il ne fasse pas fausse route. Rien de plus décourageant que de se rendre compte, après plusieurs rencontres avec un coordonnateur ou un designer d'intérieur, que rien de ce qu'il nous propose ne nous plaît réellement. Quelle perte de temps !

Une fois qu'il a bien cerné vos besoins, le coordonnateur entre en période de recherche. Il va voir ses fournisseurs, ramasse des échantillons de tissus, de papier... Il trouve des photos dans des magazines ou dans des livres qui indiquent le style vers lequel il tend. Bref, il élabore votre réception. C'est alors la deuxième rencontre. La plupart des coordonnateurs viennent chez vous afin que vous n'ayez pas à vous déplacer. Ainsi, assis bien confortablement sur votre canapé, vous pouvez examiner les échantillons de tissus pour les nappes ou pour les tentures, regarder les papiers pour les menus et les invitations. Bien sûr, vous n'avez pas à vous décider tout de suite. Il vous donne ses conseils, mais vous laisse tout le temps qu'il vous faudra. Au bout de quelques rencontres (tout dépend de l'ampleur du travail que vous lui avez demandé), vous devriez avoir convenu de tout ce dont vous aurez besoin pour une fête à votre image.

Quoi évaluer lors de la première rencontre avec un coordonnateur d'événements

- Avez-vous des atomes crochus?
- Vous écoute-t-il?
- Peut-il s'adapter à plusieurs styles?
- Fait-il preuve de créativité?
- Vous semble-t-il capable de s'adapter à vos besoins?
- A-t-il une grande banque de fournisseurs?

Le traiteur

En avez-vous besoin ?

Doit-on faire appel ou non à un traiteur ? Je dirais que tout dépend de l'importance de la réception et du temps dont vous disposez. Je ne le ferais pas pour un repas convivial (tout d'abord parce que j'aime cuisiner !), mais pour un repas formel, mondain, pourquoi pas ? Vous impressionnerez vos hôtes à coup sûr ! Pour un barbecue, la question ne se pose pas, sauf si vous optez pour un méchoui. Il est très pratique d'avoir des gens qui viennent dans votre jardin installer le méchoui, qui fournissent l'agneau, qui le surveillent pendant sa cuisson et qui servent les assiettes au fur et à mesure qu'ils le découpent. Car s'occuper soi-même d'un méchoui est extrêmement accaparant : on n'a presque plus le temps de s'occuper de ses invités !

Pour les buffets, les cocktails dînatoires, les banquets, je vous conseille de vous offrir les services d'un traiteur. Car si vous manquez d'inspiration et de patience pour les canapés (ah ! déposer quelques grains de caviar sur 500 bouchées quand on n'est pas un adepte de la méditation zen !...), mieux vaut laisser cela entre les mains d'un expert pour ne pas risquer de craquer ! Ce qui ne veut pas dire que vous devez réfréner votre envie d'épater la galerie avec une superbe recette. Vous faire aider d'un traiteur vous permettra de vous concentrer sur les pièces maîtresses. Comme celle-ci, par exemple.

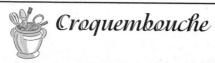 Croquembouche

Un magnifique croquembouche pour épater la galerie, quand on a du temps devant soi parce qu'un traiteur s'occupe de tout le reste !

Cette recette fait une pyramide d'environ 80 choux.

La base en nougatine
Ingrédients :

200 g de sucre blanc
Le jus d'1/2 citron
1 1/2 tasse d'amandes hachées

Marche à suivre :

- Dans une petite casserole à fond épais, versez le sucre et le jus de citron. Faites fondre doucement le sucre. Ne mélangez pas. Vous pouvez remuer la casserole de temps en temps si vous le désirez. Dès qu'il prend une belle couleur ambrée, retirez la casserole du feu et ajoutez les amandes. Rapidement, versez sur une plaque de marbre. À l'aide d'un couteau, coupez les contours afin de faire un cercle d'un diamètre de 32 cm.

La crème pâtissière
Ingrédients :

10 œufs
250 g de sucre
100 g de fécule de maïs
1 L de lait
100 g de beurre
1 c. à thé de vanille
3 c. à soupe de cognac

(Notez que vous pouvez remplacer le cognac par du Grand Marnier, du rhum ou encore du café ou du chocolat.)

Marche à suivre :

- Battre les œufs dans une terrine. Ajoutez le sucre et battez jusqu'à ce que le mélange blanchisse. Ajoutez la fécule de maïs. Travaillez bien au fouet.

- Dans une casserole, portez le lait à ébullition.

- Ajoutez le lait au mélange d'œufs.

- Remettez le tout dans la casserole et faites bouillir pendant environ 5 minutes en ne cessant de remuer, afin que la crème ne colle pas au fond. Lorsque la crème a épaissi, retirez la casserole du feu.

- Ajoutez le beurre pendant que la crème refroidit. Puis, ajoutez la vanille et le cognac. Laissez refroidir complètement en fouettant de temps en temps.

Les choux
Ingrédients :
1 L d'eau
500 g de farine tamisée
16 œufs
300 g de beurre
50 g de sucre
10 g de sel

Marche à suivre :

- Comme il faut mélanger vigoureusement, je vous conseille de préparer la pâte en deux temps.

- Préchauffez le four à 425 °F.

• Dans une grande casserole, mettez l'eau, le beurre, le sucre et le sel. Portez à ébullition.

• Retirez la casserole du feu et versez la farine tamisée en pluie, tout en mélangeant avec une cuillère de bois. Remettez sur le feu tout en brassant énergiquement : la pâte formera une boule (environ trois minutes).

• Retirez du feu et ajoutez les œufs deux par deux en battant bien à chaque addition.

• Déposez sur une plaque beurrée une cuillère à soupe de pâte par chou. Vous pouvez vous aider d'une deuxième cuillère pour faire tomber la pâte sur la plaque. Modelez-la afin que vos choux soient bien ronds. Espacez les choux afin de leur permettre de gonfler.

• Enfournez pendant 10 minutes, jusqu'à ce qu'ils soient bien gonflés et dorés.

• Sortez les choux du four et laissez-les refroidir pendant que vous vous occuperez d'une nouvelle fournée.

• Une fois que les choux ont refroidi complètement, remplissez-les de crème à l'aide d'une poche à douille.

Ça y est, voici le moment de faire le caramel et d'assembler la pièce montée!

Le croquembouche, comme son nom l'indique, croque dans la bouche… À vos chaudrons! Il est temps de préparer le caramel! Mais avant de commencer, vous devez être sûr d'avoir tout ce qu'il vous faut pour assembler la pièce montée. Vos choux sont prêts? Bien, maintenant, préparez le cône en papier qui vous servira de guide.

Comment faire le cône :
Avec une grande feuille de papier épais, formez un cône de 45 cm de hauteur et dont le diamètre à la base fait 30 cm. Recouvrez-le de papier parchemin, que vous beurrerez minutieusement.

Le caramel
Ingrédients :

6 c. à soupe d'eau
200 g de sucre blanc
1 c. à soupe de jus de citron

Marche à suivre :

• Dans une petite casserole à fond épais, versez l'eau et le sucre. Faites fondre doucement le sucre. Ne mélangez pas. Vous pouvez remuer la casserole de temps en temps si vous le désirez. Dès qu'il commence à blondir, ajoutez le jus de citron afin de stopper la cuisson.

Maintenant, il faut aller très vite, avant que le caramel ne durcisse : avec une fourchette, piquez un chou puis passez-le dans le caramel afin de l'enrober. Déposez le premier chou à la base du cône. Montez ainsi les choux l'un après l'autre, en rangées. Chaque nouvelle rangée, plus on s'approche du sommet, doit contenir un chou de moins que la rangée précédente. Arrêtez-vous avant la dernière rangée. C'est le temps de retirer le cône! Laissez d'abord durcir le tout. Une fois que l'ensemble vous semble bien solide, soulevez délicatement la pièce montée et faites glisser le cône.

Vous pouvez maintenant terminer le haut de la pyramide et mettre du caramel sur les choux de la première rangée afin de coller le tout sur la base en nougatine.

Et voilà! Même si vous avez laissé tout le reste à votre traiteur, on ne pourra pas dire que vous avez chômé!

Comment le trouver ?

Encore une fois, le bouche à oreille est la meilleure méthode pour trouver la perle rare. Je vous conseille de prendre rendez-vous avec plusieurs traiteurs. Ils vous feront goûter à leurs spécialités et ils détermineront avec vous vos besoins. Les traiteurs disposent de menus préétablis, mais, en règle générale, ils se feront un plaisir d'élaborer pour vous des plats spéciaux. Pensez à ce qui vous importe le plus. Voulez-vous des plats classiques ou qui sortent de l'ordinaire ? Pensez-vous qu'une présentation originale est essentielle ? Voulez-vous des assiettes spéciales, des décorations en feuilles d'or, en fleurs comestibles ? (Les traiteurs offrent généralement différentes assiettes, qui peuvent s'agencer à plusieurs thèmes.) Tous ces détails sont importants lorsque vous choisissez votre traiteur. Pensez également à lui demander s'il se charge du service et, si oui, de combien de serveurs il dispose. Précisez-lui s'il y a une tenue vestimentaire à laquelle vous tenez.

L'aide domestique

Pour une grande réception, avoir de l'aide est pratiquement un must. Comment ferez-vous pour passer les canapés, voir à ce que tout le monde ait de quoi boire, vérifier que tout se passe bien à la cuisine et accueillir chacun en bonne et due forme ? Si vous recevez pour un dîner, avoir quelqu'un à la cuisine pour vous aider à préparer les plats, pour rincer les assiettes sales et préparer le café (si huit personnes veulent un capuccino, vous serez longtemps devant la cafetière !) est vraiment une bonne idée.

Quand devez-vous impérativement faire appel à un serveur ?

Tout dépend du style et de l'ampleur de votre réception. Si vous recevez pour un dîner mondain, un serveur est essentiel. Par contre, si vous recevez pour un repas convivial, il est inutile. Une aide à la cuisine peut cependant être très pratique, mais, encore là, pas absolument nécessaire. Toutefois, dès que vous recevez pour une grande fête, avoir de l'aide est pratiquement obligatoire.

Comment choisir le personnel ?

Sauf pour le service à table, vous n'avez pas besoin d'engager des professionnels, pour peu que ce soit des gens avec de bonnes manières. Votre voisin a un fils adolescent ? Peut-être que lui et ses amis seraient enchantés de gagner un peu d'argent ? Notez qu'il est important que tous les serveurs soient habillés de manière similaire, afin que les invités les identifient au premier coup d'œil. Demandez-leur donc de mettre une jupe ou un pantalon noir et une chemise blanche. Bien sûr, si votre thème est le grenat, vous pouvez les habiller de rouge de la tête aux pieds : ils feront partie du décor

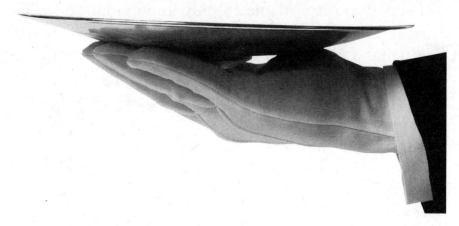

Service à table
Petite leçon de bonnes manières pour serveur

Quelle doit être sa tenue ?

Le serveur doit porter un pantalon noir avec un pli devant et une chemise blanche impeccablement repassée. S'il s'agit d'une femme, elle portera une jupe noire (une jupe droite au genou est à privilégier) ainsi qu'une blouse blanche. Elle peut aussi porter une robe noire (toujours au style sobre). Ils porteront, lui par dessus son pantalon et elle par dessus sa jupe, un tablier blanc immaculé.

Quelle doit être son attitude ?

Le serveur doit être absolument silencieux. S'il doit communiquer avec la maîtresse de maison, il le fera à voix basse, en se penchant légèrement vers elle. Il ne communique pas avec les invités. Si un invité le remercie, il s'incline légèrement en esquissant un sourire.

Qui sert-il en premier ?

Il sert d'abord la dame la plus importante, soit celle assise à la droite du maître de maison. Ensuite, il sert la dame à gauche du maître de maison et il continue ainsi à servir toutes les dames, en finissant par la maîtresse de maison. Ensuite, il sert les hommes, en commençant par l'homme assis à la place d'honneur, soit à la droite de la maîtresse de maison. Ensuite, il sert celui à sa gauche, puis tous les hommes, en terminant par le maître de maison.

Comment passe-t-il les plats ?

Il se tient à la gauche du convive. Il présente le plat de sa main gauche, posé sur une serviette. Si le plat est accompagné d'une sauce, il tient la saucière de la main droite. Le serveur ne sert jamais l'invité, c'est l'invité qui se sert. Il est donc important que le serveur présente les plats de manière adéquate, c'est-à-dire assez bas et assez proche de l'assiette afin que la personne puisse se servir facilement et ne risque pas de laisser tomber un morceau ou de renverser de la sauce sur la nappe. Quand un convive a fini de se servir, il passe à la gauche du suivant. En se déplaçant, il remet en place les couverts afin qu'ils soient présentés dans le bon sens (dos de la cuillère ou de la fourchette vers le haut).

Comment dessert-il ?

On change les assiettes après chaque plat (sauf l'assiette de présentation, bien sûr, qui reste sur la table jusqu'aux fromages). Le serveur se place à la droite du convive pour retirer son assiette. Après les fromages, le serveur enlève les morceaux de pain qui restent sur la table et passe un ramasse-miettes sur la nappe.

Comment l'appelle-t-on ?

Théoriquement, vous ne devriez jamais avoir à appeler le serveur, puisqu'un bon serveur garde toujours un œil sur ce qui se passe ! Quoi qu'il en soit, si pour une raison ou pour une autre, vous voulez l'appeler, ne faites pas tinter une clochette car cela dérangerait les invités. Si vous avez l'habitude d'employer des serveurs, faites installer sous la table une sonnette, reliée à la cuisine, que vous activez en marchant dessus.

Le service de bar

Retenir les services d'un ou de plusieurs barmans est un petit luxe merveilleux! On pense souvent qu'il s'agit d'une excentricité, mais je suis convaincue que toute fête devrait avoir son barman. Tout d'abord, il faut que je vous avoue que j'adore les cocktails. Plus ils sont *Le chic du chic? Faites créer un cocktail unique pour votre réception.* originaux, plus je les aime! Le chic du chic? Faites créer un cocktail unique pour votre réception. Un cocktail signature qui sera à jamais ancré dans la mémoire de vos invités. Comme votre fête!

Quand je reçois beaucoup de monde, j'ai toujours un barman. Pour un cocktail mondain, un barman classique est le meilleur choix. Mais pour une fête ou un barbecue, c'est différent car le service de bar peut devenir une véritable attraction! Vous avez vu le film *Cocktail*, avec Tom Cruise? Eh bien voilà le style qui me plaît! Ils lancent les bouteilles qui tournoient dans les airs, les rattrapent et concoctent comme de purs magiciens des délices sans pareil. Comment évaluer un bon «mixologue»? Voici quelques points qui devraient vous aider. Utilise-t-il des fruits frais dans ses cocktails ou simplement des sirops? Soigne-t-il la présentation? L'équilibre entre le sucré et l'alcool est-il heureux? A-t-il ses propres créations ou s'en tient-il aux classiques? Lorsque vous contacterez des services de bar, on vous fera certainement goûter à quelques cocktails afin que vous puissiez vous faire une idée. Profitez-en pour évaluer l'entregent de l'équipe: n'oubliez pas qu'ils interagiront avec vos invités tout au long de la soirée.

Cocktail à la rose

Pourquoi ne pas agencer le cocktail signature de votre fête avec le thème ? J'ai donné une grande fête pour les 30 ans de ma sœur. Mélanie adore le rose. Mon thème était trouvé. La déco était simple : j'avais gonflé de gigantesques ballons roses et noirs, posés à même le sol, et qui se baladaient doucement dans toute la maison. La nappe était rose et de grands vases remplis de magnolias et de pivoines (une folie !) étaient disposés un peu partout. Son cocktail ? Le voici.

Ingrédients :

2 oz de vodka
1/2 oz d'eau de rose
Le jus d'un citron
1 trait de sirop simple
Pour la décoration : pétales de roses
(biologiques, de grâce, gare aux pesticides !)

Marche à suivre :

- Dans un Boston shaker, mettez de la glace, puis tous les ingrédients. Fermez le shaker et agitez-le vigoureusement.
- Servez ce cocktail dans des verres à martini (que vous aurez préalablement refroidis au congélateur) en passant le liquide à travers une passoire.
- Décorez avec les pétales de rose.

Le fleuriste

Le fleuriste est un grand allié lorsqu'il s'agit d'organiser une réception à thème. Pour une réception importante, allez le rencontrer une première fois avec votre cahier de style. Vous pourrez lui montrer des bouquets qui vous inspirent (découpés dans des magazines, par exemple), mais aussi toutes vos décorations. Si vous commandez des centres de tables, il est essentiel qu'il voie le tissu de la nappe. Mais toutes

Il est essentiel de montrer au fleuriste le tissu de votre nappe si vous commandez un centre de table.

vos idées de déco sont importantes pour lui. Même votre tenue pourra l'inspirer ! Ainsi, vous vous assurez que les fleurs feront partie intégrante de votre thème et qu'elles n'auront pas l'air d'avoir été posées là, à la dernière minute. Un bouquet de fleurs, c'est toujours beau. Mais s'il s'harmonise parfaitement avec tous les éléments du décor, c'est chic !

Et il n'y a pas que les bouquets. Pensez centre de table, guirlandes, rideaux de fleurs, il y a tant de possibilités. Demandez à votre fleuriste de vous guider. Il a certainement des spécialités. Moi, j'ai un faible pour les guirlandes de fleurs. L'été, elles décorent à merveille une grande table installée au jardin. Elles sont élégantes et impressionnent toujours. Une guirlande peut même être assez spectaculaire pour rendre tout autre élément de décor superflu.

Quelques trucs pour économiser

À dire vrai, je ne fais appel à un fleuriste qu'en de très rares occasions. Je préfère aller chercher des fleurs chez un grossiste et confectionner mes propres arrangements floraux. Non seulement c'est plus économique, mais j'y prends un plaisir fou! Cependant, je suis consciente que je suis incapable de tout faire moi-même. Les guirlandes, par exemple, demandent un savoir-faire au-delà de mes compétences. Heureusement, il n'est pas nécessaire de choisir des lys ou des orchidées comme fleurs principales car l'effet produit par une guirlande est dû à sa taille et à la créativité de l'artiste qui l'a composée. Prenez donc des fleurs plus humbles (et moins chères!), comme des marguerites ou des œillets. (Je dois avouer que j'avais toujours eu les œillets en horreur jusqu'au jour où j'ai vu chez une amie des œillets rouges dans une immense guirlande. C'était si beau que, depuis ce jour,

J'aime beaucoup aller chercher des fleurs chez un grossiste et confectionner mes propres arrangements floraux.

je n'ai plus de préjugés!) Et puis n'oubliez pas que de simples pétales de fleurs peuvent faire beaucoup d'effet. Moins chers que des fleurs, ils sont féeriques sur l'herbe du jardin : tracez un sentier de pétales de roses ou dispersez-les sous un arbre, comme une invitation à s'asseoir. Ou bien répandez des pétales au centre de votre table, comme un chemin de table. C'est simple, délicat et élégant.

Musiciens, chanteurs et D.J.

Avoir des musiciens sur place ajoute une touche très spéciale à une réception. Musique de chambre, trio de jazz, chanteur de charme ou D.J. qui se déchaîne sur ses vinyles, à vous de choisir en fonction de l'ambiance désirée.

Un de mes amis, Nathan, est reconnu dans tout Winnipeg pour ses fêtes hors du commun. Je me rappelle que pour une soirée absolument mémorable, il avait installé dans son salon une véritable scène ornée de guirlandes et de piñatas de toutes les couleurs et il avait fait venir un orchestre de mariachis! Il les avait vus se produire dans un restaurant, il leur avait demandé s'ils voulaient faire un spectacle chez lui et ils avaient tout de suite accepté. Quoi de mieux pour réchauffer les hivers glacials de Winnipeg que les rythmes mexicains?

Les activités

Il y a des fêtes où je trouve intéressant d'organiser des activités. Bien sûr, pas lors d'un dîner, où c'est la conversation qui doit primer. Mais certains événement s'y prêtent, comme un barbecue, un anniversaire, un enterrement de vie de jeune fille ou de vie de garçon... En choisissant le thème de votre réception, vous trouverez à coup sûr une activité qui s'y rattache! Par exemple, lors d'un vin et fromages, pourquoi ne pas retenir les services d'un œnologue? Il existe des agences qui proposent dégustations et conversations dirigées autour du vin. Jeux, quiz, dégustations à l'aveugle... Voilà une activité aussi ludique qu'enrichissante. D'autres suggestions? Lors d'une fête d'enfants, pourquoi ne pas faire venir une troupe de théâtre? Ou un zoologue, avec des animaux rares ou exotiques? Tenir dans ses mains un serpent sera pour les enfants un souvenir impérissable... probablement pour vous aussi, d'ailleurs!

6

▶ ▶ ▶ ▶

À boire et à manger !

Qu'est-ce qu'on mange?

Pour élaborer le menu parfait, plusieurs critères entrent en ligne de compte. Comme toujours, il s'agit de vous organiser, de réfléchir assez longtemps à l'avance à votre menu pour arriver en toute confiance au jour J.

Un menu selon le style de réception

Cela va de soi, il faut planifier son menu en fonction de la réception. Par exemple, un pot-au-feu fera un carton lors d'un dîner convivial, mais pourra paraître déplacé lors d'un dîner formel. Vos invités pourront se sentir «intimidés» par un plat trop élaboré s'ils s'attendent à une fête au style décontracté. On ne sert pas du foie gras en entrée lors d'un barbecue… quoique le meilleur foie gras que j'aie jamais mangé (c'était en France, dans le Gers) avait été passé sur le gril.

Inspirez-vous!

Votre première source d'inspiration devrait être le marché. Les produits qu'on y trouve changent au rythme des saisons. C'est le temps des asperges? Donnez-leur une place de choix dans votre menu. De cette façon, la qualité des produits sera optimale. Et puis, il est très décevant de planifier un menu somptueux et de déchanter lorsqu'on ne

Pour élaborer votre menu, inspirez-vous des saveurs du marché.

parvient pas à se procurer les ingrédients dont on a besoin. Une autre source d'inspiration : les livres de recettes, tout simplement, ou Internet. Plus on lit de recettes, plus on a d'idées. Trop, peut-être?

Respectez votre budget

Il existe un certain nombre de contraintes qui vous guideront lorsque viendra le temps de planifier votre menu. La première, c'est votre budget. Vous recevez pour un dîner élégant? Voici quelques astuces pour garder le décorum que vous souhaitez dans le menu sans y engloutir une fortune. Tout d'abord, n'oubliez pas que la simplicité est chic. Dans les grands restaurants, il n'est pas rare de trouver des plats d'une simplicité désarmante (un poisson grillé, par exemple), mais absolument exquis. Le secret? La qualité des ingrédients, une préparation irréprochable et la présentation.

La présentation est, en effet, extrêmement importante. D'ailleurs, les grands chefs n'arrêtent pas d'inventer de nouvelles manières de présenter leurs œuvres. Et ce n'est pas toujours compliqué. Par exemple, vous décidez de servir des légumes en entrée : faites des brochettes. Pour qu'elles soient plus jolies, faites-les toutes petites et choisissez des légumes nains. On peut trouver facilement

N'oubliez pas que la simplicité est chic.

des tomates cerises, des mini-courgettes ou des oignons grelots. Badigeonnez-les d'huile au romarin et faites-les griller. Pour les servir, placez-en deux en croix dans chaque assiette (blanche et carrée, de préférence). Ajoutez une traînée de coulis de tomates et voici une assiette ultra-simple, qui fera de l'effet lors des dîners les plus élégants. Seules conditions à respecter : vos légumes doivent être de première qualité (donc, attendez l'été) et ils doivent être cuits à la perfection, c'est-à-dire pas trop. Et vous n'aurez pas eu à casser votre tirelire.

Les restrictions alimentaires

Une contrainte de taille : les restrictions alimentaires de vos invités. Certains sont végétariens, d'autres ont des allergies, d'autres encore ne peuvent pas manger certaines choses pour des raisons religieuses ? Informez-vous de toute restriction alimentaire avant de planifier votre menu.

Connaissez-vous vous-même

Ne vous lancez pas dans des plats ultra-compliqués si vous trouvez difficile de réussir un spaghetti carbonara ! Servez des plats que vous avez déjà réussis. Une réception n'est pas le meilleur moment pour faire des expériences... Si une nouvelle recette vous inspire vraiment,

Un conseil : lorsque vous invitez, n'essayez pas une recette pour la première fois.

mais que vous doutez de vos capacités, faites-la au moins une fois avant pour être sûr de la maîtriser... et de la trouver aussi délicieuse que vous le pensiez.

Regardez votre agenda

Préparer une réception prend du temps. En plus de la cuisine, vous aurez une foule d'autres responsabilités : le décor, la musique, etc. Alors, pensez à un menu que vous pourrez préparer à l'avance. Certaines recettes peuvent se commencer la veille et même plus tôt : il y a des plats qui se congèlent très bien.

Un autre point : évaluez le temps que vous voulez passer à la cuisine lors de la réception. Si vous rêvez de faire goûter à vos amis votre extraordinaire soufflé au chocolat, pensez que vous devrez le préparer pendant qu'ils seront à table à continuer cette conversation si passionnante... Bref, ne vous lancez pas dans des recettes trop longues, trop difficiles à gérer ou qui ne vous laisseront pas assez de temps pour le reste des préparatifs.

L'équilibre du menu

Lors de la planification de votre menu, une règle est fondamentale : l'équilibre. Tout d'abord, l'équilibre des saveurs. Envisagez votre menu comme un tout indissociable. Il ne faut pas envisager chacun des plats indépendamment, mais l'imaginer dans la continuité du menu. Par exemple, ne servez pas un fondant au chocolat après un repas asiatique. Préférez-lui un sorbet à la lime, par exemple.

Un autre équilibre à respecter : l'alternance des plats lourds et légers. Une entrée de foie gras suivie d'un faisan sauce à la crème et girolles puis d'un tiramisu... et tout le monde fait une crise de foie! En règle générale, si le plat principal est

Envisagez votre menu comme un tout indissociable.

lourd, optez pour une entrée et un dessert légers (par exemple, salade d'endives au pamplemousse, bœuf braisé et sorbet à la mangue). Si le plat principal est léger, alors vous pouvez vous permettre une entrée et un dessert plus riches. Par exemple, entrée de vol-au-vent aux fruits de mer, filet de tilapia vapeur, charlotte aux marrons.

Le dernier équilibre? L'équilibre diététique. Assurez-vous d'avoir des légumes cuits, des légumes crus, des protéines (viande, poisson, œufs, fromage), des féculents et un mets sucré. Mais ne servez pas deux plats à base de féculents. On ne sert pas un riz au lait après des pâtes ou un risotto. De la même façon, on évite une entrée de quiche avec une tarte comme dessert. On évite aussi de servir trop d'œufs : une brouillade et une crème caramel, par exemple.

Thé ou café ?

Un bon repas ne se termine jamais sans qu'un hôte attentionné offre thé ou café à ses invités. Mais ces breuvages se doivent, bien sûr, d'être à la hauteur du somptueux repas que vous leur avez servi. Ce serait bien triste, n'est-ce pas, de finir la soirée sur une fausse note ? Voici quelques trucs pour faire de vous un véritable expert.

Quoi avoir sous la main

• Ayez toujours du décaféiné pour ceux qui aiment le goût du café pour clore un repas, mais qui ne peuvent supporter la caféine le soir. Achetez-le à la dernière minute car le décaféiné se garde très peu de temps.

• Ayez un thé noir (comme le Darjeeling ou le Earl Grey), un thé vert, qui peut être parfumé au jasmin, par exemple, et des tisanes, pour ceux qui préfèrent un breuvage sans théine. L'idéal est d'avoir quelques variétés à offrir : des saveurs plus astringentes, comme le tilleul, la verveine ou le citron, et des saveurs fruitées, comme le cassis ou la pêche.

Comment faire un bon café ?

D'abord, ne lésinez pas sur la qualité du café. Le prix est peut-être supérieur, mais son goût également. Le café équitable est, bien sûr, le meilleur choix.

Achetez des grains de café entiers et fraîchement torréfiés. Le meilleur café est préparé de 24 à 72 heures après sa torréfaction. La saveur se dégrade lentement, pendant les 7 à 10 jours suivants.

Le café est capricieux : il a horreur de l'air, de la lumière, de la chaleur et du froid. Entreposez donc vos grains de café dans un pot hermétique et opaque, que vous garderez dans un endroit frais. Ne mettez pas votre café au congélateur, ni même au réfrigérateur : il perdrait son arôme.

Le café doit être moulu, de préférence, juste avant de le préparer. Il est important de choisir la mouture qui convient à votre cafetière et de choisir également avec soin le moulin que vous utilisez. Les moulins à lame ont tendance à brûler les grains de café. Si vous ne possédez pas un moulin à café adéquat, il vaut mieux acheter une petite quantité de café, que vous ferez moudre sur place.

Nettoyez régulièrement votre cafetière en y faisant passer un mélange d'eau et de vinaigre blanc (moitié-moitié).

Réchauffez votre tasse avec de l'eau chaude avant d'y verser le café.

Servez l'expresso tout de suite après l'avoir fait : son goût commence à s'altérer 30 secondes seulement après son extraction.

L'art du cappuccino

- Commencez par faire mousser le lait. En effet, le café ne peut attendre le lait, puisque son arôme et son goût commencent à s'altérer très rapidement après son extraction.

- Préférez du lait entier plutôt qu'écrémé. La mousse sera dense et veloutée. Le lait écrémé produit une mousse plus abondante, certes, mais qui se dissout très rapidement.

- Lorsque vous mettez la buse dans le lait, évitez de bouger le contenant de haut en bas ou en cercle. La buse doit être à 1,5 cm de la surface du lait. Plus le lait chauffe, plus vous pouvez l'enfoncer profondément. Le volume doit doubler.

- C'est ensuite le moment de faire l'expresso. À moins que votre machine soit ultra-sophistiquée et possède deux réservoirs, un pour la vapeur et un pour le café, il est préférable de faire couler un peu d'eau avant de mettre le café. En effet, l'eau, après avoir fait chauffer le lait, serait trop chaude pour le café et risquerait de le brûler.

Quelle cafetière choisir ?

Il existe plusieurs types de machines à café pour différents types de cafés. Le choix est une question de goût. Sachez que plus l'eau est longtemps en contact avec le café, plus le café contiendra de caféine. Ainsi, le café filtre contient plus de caféine que l'expresso. Lorsque vous recevez, pensez aussi au temps de préparation. Faire un pot de café filtre, c'est moins de travail que de préparer dix expressos !

La cafetière à piston

Mouture grossière

On met le café dans le récipient en verre, avec de l'eau bouillante. Après quelques minutes, on actionne le piston, qui sépare le café du marc.

La cafetière filtre

Mouture moyenne

On verse l'eau dans le réservoir et le café moulu dans un filtre. Lorsqu'elle bout, l'eau passe lentement à travers le filtre. Le café sort goutte à goutte.

La cafetière italienne

Mouture moyenne à fine

On verse l'eau dans le compartiment du bas et le café dans le filtre
qui sépare le compartiment du bas
de celui du haut. On fait chauffer
le percolateur sur la cuisinière.

Lorsque l'eau chauffe, la vapeur pousse l'eau rapidement
vers le compartiment du haut, en traversant le café au passage.

La machine à expressos

Mouture très fine

Elle fonctionne selon le même
principe que le percolateur.
Toutefois, la pression est très haute
et elle est créée par une méthode
de pompage et non par la vapeur.
Le café se fait plus rapidement, d'où
le nom «expresso», express.

Ma préférence va à la machine à expressos. C'est la seule
qui permet d'obtenir un goût riche et complexe et une
crème à la surface du café. Mais ces machines ne sont pas
toutes d'égale qualité et le seul moyen de savoir si elles
font du bon café, c'est d'y goûter car le prix n'est pas
nécessairement en rapport avec la qualité (on paye beaucoup pour le design). Lorsqu'on compare le café d'une
machine à expressos électrique médiocre à celui d'une

simple cafetière italienne, la deuxième gagne souvent. Utilisez de l'eau de source (moins calcaire et au goût plus neutre). Un truc si vous utilisez une cafetière italienne : mettez une goutte d'eau froide dans le réceptacle du haut.

En matière de machine à expressos, le prix n'est pas toujours en rapport avec la qualité.

Ainsi, lorsque les premières gouttes de café remonteront, elles ne s'évaporeront pas sur le métal chaud.

La mouture

L'arôme du café est libéré lors du contact de l'eau. Ainsi, plus l'infusion est rapide, plus la mouture devra être fine. Lorsque l'eau reste longtemps en contact avec le café, une mouture plus grossière est nécessaire, sinon le café est amer. Mais si la mouture est trop grossière pour le type de machine, le café sera trop faible (du jus de chaussettes!).

Comme on l'a vu, le café n'aime pas l'air, qui dégrade son arôme. Ainsi, un café moulu à l'avance est plus longtemps en contact avec l'air. D'où la recommandation de moudre les grains juste avant la préparation ou d'acheter du café moulu en petites quantités à la fois et de le conserver dans un pot opaque et hermétique.

Comment faire un bon thé ?

Amenez de l'eau froide à ébullition, dans une casserole ou dans une bouilloire. L'eau doit être de l'eau filtrée ou de l'eau de source, sinon le goût du thé pourrait être altéré. Pour du thé vert, l'eau ne doit pas bouillir. Dès qu'elle frémit, retirez-la du feu. Pour du thé noir, laissez bouillir. La théière doit être réchauffée avant de recevoir le thé, sinon ce dernier refroidirait bien vite : mettez un peu d'eau bouillante dans la théière puis jetez-la.

Ajoutez le thé dans le fond de la théière (en feuilles, de grâce pas de sachets !). Comptez une cuillère à thé par personne, plus une (pour la théière !). Versez l'eau frémissante.

Laissez infuser le temps nécessaire. Chaque thé est différent et chaque personne a sa préférence.

Pour que les feuilles de thé ne se retrouvent pas dans les tasses, utilisez une petite passoire conçue à cet effet.

Selon la sorte de thé, on peut ajouter un nuage de lait (froid) ou une rondelle de citron, du sucre, mais, selon moi, la meilleure façon de le déguster, c'est toujours nature, afin d'en apprécier tout l'arôme.

Comme les Anglais, vous pouvez recouvrir votre théière d'un cache-théière pour garder le thé chaud.

Comment servir le thé?

- Le thé se sert au salon après le repas, autour d'une table basse. Sur un plateau, apportez théière, tasses et soucoupes (attention, il ne faut pas les empiler… prévoyez plus d'un plateau si vous êtes nombreux), petites cuillères, sucrier, lait (le lait que l'on met dans le thé est servi froid), ainsi que quelques tranches de citron.

- On présente la tasse de la main gauche. On tient la théière de la main droite pour verser le thé dans les tasses. On propose sucre, lait et citron, mais les invités se servent eux-mêmes.

- Quand on boit, on évite de mettre le petit doigt en l'air : ce n'est pas raffiné, comme certains le croient, mais caricatural. Si l'on se sert d'une petite cuillère pour mélanger le sucre ou le lait, on la dépose sur la soucoupe, on ne la laisse pas dans la tasse. On peut déposer sa tasse et sa soucoupe sur la table, mais lorsqu'on boit, on doit soulever les deux et pas seulement la tasse.

- N'oubliez pas de proposer une deuxième tasse quand les invités ont fini la première.

Les variétés de thés

Il existe un nombre incalculable de thés. Thés aromatisés, thés fumés, thés de pays lointains et exotiques, thés anglais… Pour trouver la perle rare, un seul moyen : les goûter !

Le thé vert

Le thé vert est très populaire en Chine et au Japon. Récemment associé à des vertus pour la santé – il protégerait notamment des problèmes cardiovasculaires, grâce à la présence d'antioxydants –, sa popularité s'accroît en Occident. Il existe plusieurs variétés de thé vert, dont l'une des plus connue est le gunpowder, ce thé chinois facilement reconnaissable à ses feuilles roulées en boules, qui le fait ressembler à de la poudre à canon, d'où son nom.

Le thé jaune et le thé blanc

Le thé jaune et le thé blanc sont les plus fins et les plus rares des thés. Originaires de Chine, ils sont très délicats et l'on peut y noter la présence de bourgeons duveteux.

Le thé Oolong

Le thé Oolong est le thé servi en général dans les restaurants chinois. Il s'agit d'un thé à moitié fermenté.

Le thé Pur-her

Le thé Pur-her est un thé fermenté qui a un goût de terre. Il est très cher. En Chine, on lui attribue des vertus médicinales. Il peut être conservé pendant 50 ans.

Le thé noir

Le thé noir est le plus couramment bu en Occident. Ce sont les Anglais (grands amateurs de thé devant l'Éternel !) qui ont inventé le processus de fermentation de ce thé. Le thé Darjeeling est considéré comme le meilleur des thés noirs (mais attention aux imitations : veillez à ce qu'il ait la marque de certification Darjeeling). Le thé Earl Grey est également un thé noir, mais que l'on a aromatisé à la bergamote. Il est le plus populaire des thés aromatisés en Occident.

Le thé noir est moins fragile que le thé vert et se conserve plus longtemps. Il contient également plus de théine.

Un thé moins excitant ?

Comment atténuer l'effet excitant de la théine ? On pourrait penser qu'il suffit de le laisser infuser moins longtemps... Pourtant, c'est le contraire ! En effet, la théine se diffuse dès le début de l'infusion. Mais, après quelques minutes (de trois à cinq), des tannins se diffusent également, ce qui neutralise la théine dans le tube digestif.

Le bar

Quel que soit le style de votre réception, vous aurez besoin d'un bar bien garni.

Les accessoires

Le tire-bouchon

Il est prudent d'avoir plus d'un tire-bouchon. Il en existe de toutes sortes, des plus simples aux plus élaborés, des plus petits (certains même viennent dans des étuis que l'on peut attacher à la ceinture) aux plus grands (certains  sont montés sur de petites tables). Le choix vous appartient. Selon moi, le meilleur reste le limonadier, celui qu'utilisent les serveurs de restaurants.

La cuillère de bar

Pratique pour mélanger les martinis (sauf si vous recevez James Bond, bien sûr, qui les préfère mélangés au shaker…).

Le bâtonnet à cocktail

Un ustensile qui ressemble à un pilon mince et long. Pour écraser les fruits ou les herbes (par exemple pour un mojito).

Le gobelet doseur

Pour facilement mesurer l'alcool de vos drinks.

Le coquetellier (« shaker »)

Le meilleur choix : le Boston shaker, en deux parties.

La passoire

Une petite passoire est utile pour se débarrasser des morceaux indésirables.

Le bac à glaçons et le sac à glaçons

Ayez des bacs à glaçons de formes variées (étoiles, cœurs, ronds, etc.). Ayez aussi un sac à glaçons, pratique parce que vous pouvez y broyer la glace.

Le mixer

Choisissez un mixer assez puissant pour concasser la glace (400 watts minimum).

Les verres

De toutes les formes et de toutes les couleurs pour s'agencer à tous les drinks. Les trois indispensables : le verre à whisky, le long verre et le verre à martini.

Martini aux framboises

Ingrédients :
6 framboises
2 oz de gin
1 oz de vermouth doux
Glaçons

Marche à suivre :

• Dans le fond du shaker, écrasez les framboises en purée à l'aide du bâtonnet à cocktail. Ajoutez le gin, le vermouth et quelques glaçons. Fermez le shaker et agitez énergiquement. Passez dans une passoire et versez dans les verres.

Vodka aromatisée

Choisissez une vodka de bonne qualité. Ajoutez-y la saveur qui vous plaît : une gousse de vanille coupée en deux, ou le zeste d'un citron, ou encore des grains de poivre... en fait, tout ce dont vous avez envie. Mettez la vodka au congélateur pendant au moins 24 heures avant de la servir, telle quelle ou dans un drink.

Pêche pimpante

Ingrédients :
1 pêche
1 t. de vodka
1 trait d'orgeat (un sirop parfumé à l'amande)
Champagne rosé

Marche à suivre :

• Faites pocher la pêche dans la vodka. Pour ce, pelez-la et placez-la dans la vodka portée à ébullition jusqu'à ce qu'elle soit tendre. Laissez refroidir.

• Écrasez 1 c. à soupe de pêche pochée dans un shaker. Ajoutez le sirop d'orgeat. Passez à travers une passoire et versez dans une flûte à champagne. Finissez en remplissant le verre de champagne rosé.

Le bar de base

Voici quelques essentiels à avoir toujours sous la main.

Pour l'apéro

Ayez au moins deux sortes d'apéros à offrir. Un plus léger, comme les vins sucrés – porto, cinzano, Xerès... – et un apéro plus costaud –, le whisky étant le classique, mais vous pouvez aussi proposer rhum, gin ou vodka, par exemple. Sans oublier, bien sûr, la bière et le vin. Avec quelques gouttes de crème de cassis, le vin (blanc, mousseux ou champagne) deviendra un kir délicieux.

Le porto

Le porto est un vin sucré. Il existe des portos blancs, des portos ruby (dont le rouge vif fait penser à la pierre précieuse) et des portos tawny, de couleur rouge orangé. Il existe des tawnys millésimés, qui ont passé de sept à plus de 40 ans en fût, et des portos vintage, dont le millésime est exceptionnel (environ 5 % de la production). Pour votre bar, un tawny de 7 ans est parfait.

Le whisky

Choisissez un whisky écossais pur malt (que l'on appelle aussi single malt). Les purs malts doivent être servis à température ambiante, sans glaçons. Vous pouvez ajouter un jet d'eau minérale. Quelques bons whiskies : Highland Park, Canadian Club Classic, Glenmorangie, Glenfidich, Johnnie Walker Blue Label, Macalan... entre beaucoup d'autres !

Les digestifs

Comme digestifs, les eaux–de–vie sont à l'honneur. Ces alcools sont produits par distillation. On distingue deux sortes d'eaux–de–vie : celles faites à partir de grains, comme l'orge pour les scotchs et les whiskys et le seigle pour les whiskys canadiens, et celles faites à partir de fruits, comme le raisin pour le cognac et l'armagnac, la canne à sucre pour le rhum et la pomme pour le calvados.

Le cognac

Le cognac est une eau–de–vie fine de raisin. Pour bien le choisir, il faut connaître les différentes appellations.

- *** ou VS (Very Special) : le cognac est âgé d'un minimum de deux ans et demi. Il s'agit du cognac le plus jeune, puisque deux ans et demi est le temps de vieillissement minimum pour un cognac.

- V.S.O.P. (Very Superior Old Pale) : le cognac est âgé d'un minimum de quatre ans et demi.

- Napoléon et X.O. (Extra Old) : le cognac est âgé d'un minimum de 6 ans et demi.

Vous pouvez trouver des cognacs encore plus âgés. Il n'existe pas d'appellations normalisées. Il faut donc bien lire l'étiquette.

Les eaux-de-vie blanches

Les eaux–de–vie blanches sont faites à partir de fruits. On peut en trouver de toutes sortes : de poire, de figue, de cassis, de cerise, de raisin, entre autres. Pour votre bar, choisissez deux ou trois eaux–de–vie de bonne qualité.

Lesquelles choisir? C'est selon vos goûts : une grappa (raisin), une poire Williams (poire) et un kirsch (cerises), par exemple.

Les cocktails

Pour les cocktails, vous avez besoin de plusieurs jus de fruits – ou, encore mieux, de fruits frais que vous réduirez en purée –, de quelques alcools et de bitters (angostura).

> ### ▶ Quelques trucs
>
> • Si vous ne voulez pas avoir mal à l'estomac, ne mélangez pas une eau-de-vie de raisin (cognac, armagnac, grappa, pisco) à une eau-de-vie de grains (whisky, gin, vodka).
>
> • Rangez vos alcools dans un endroit à l'abri de la lumière.
>
> • Achetez des bouteilles de capacité normale ou petite : vous pouvez bien sûr garder vos alcools quelque temps, mais il faut éviter le contact avec l'air. Rebouchez donc les bouteilles soigneusement et évitez de garder longtemps des bouteilles à moitié vides.

La vodka

La vodka est une eau-de-vie originaire de Russie, produite à partir de grains (seigle, blé) ou de pommes de terre ou de betteraves. Il s'agit de l'alcool le plus bu dans le monde. On peut trouver des vodkas pures (dont le goût est neutre) et des vodkas aromatisées (cassis, poivre, gingembre, vanille, etc.).

Le gin

Le gin est une eau-de-vie de genièvre. Son goût est très sec, c'est pourquoi on le boit rarement seul et qu'on le fait plutôt entrer dans la composition de différents cocktails (le plus simple étant le gin tonic, un mélange, comme son nom l'indique, de gin et de tonic).

Le vermouth

Le vermouth est un alcool que l'on sert en apéritif ou qui entre dans la composition des cocktails. Il s'agit d'un vin blanc auquel on a ajouté herbes et épices. On trouve des vermouths secs, rouges ou blancs. Le blanc est le plus sucré.

Le rhum

Le rhum est une eau-de-vie de canne à sucre. C'est une spécialité des Antilles (Cuba, Guadeloupe, Martinique). On distingue le rhum traditionnel du rhum vieux, vieilli en fût de chêne pendant un minimum de trois ans. Alors qu'un rhum vieux se déguste pur, le rhum traditionnel, blanc comme ambré, s'utilise dans les cocktails.

L'angostura

L'angostura est un concentré d'essences alcoolisé qui sert à aromatiser les cocktails. Il est fait avec des extraits de plantes, d'épices, d'herbes et d'écorces d'orange. Il donnera un petit goût amer et parfumé à vos créations.

Le vin

Le vin doit s'harmoniser parfaitement avec le plat que vous servez et il doit être du même niveau : à cuisine gastronomique, grand vin, à bonne cuisine typique, bon vin. Pour un grand repas, l'idéal est de changer de vin avec chaque plat pour en faire ressortir toutes les saveurs.

L'ordre des vins

On sert les vins du plus jeune au plus vieux, du plus léger au plus corsé, du plus simple au plus complexe, du plus frais au plus chambré. Le vin blanc se sert avant le vin rouge.

Comment servir le vin

On se place à la droite du convive et on remplit son verre jusqu'à mi-hauteur. Quand on a terminé, on effectue un léger mouvement de rotation de la bouteille, afin de ne pas faire tomber de gouttes sur la nappe. S'il s'agit d'un grand vin, le maître de maison peut donner le nom et l'année. Il ne faut jamais laisser le verre d'un convive vide.

À quelle température servir le vin ?

- Champagnes, vins blancs liquoreux : 6 °C – 9 °C
- Vins blancs secs, rosés : 8 °C – 9 °C
- Vins rouges jeunes fruités : 10 °C – 14 °C
- Vins rouges moyennement corsés : 12 °C – 14 °C
- Vins rouges corsés : 15 °C – 18 °C

Quels peuvent être les défauts d'un vin ?

Un vin peut être bouchonné, pourri, moisi, acétique. Il peut avoir des arômes de soufre et d'éthanol.

Quelques accords mets-vin

- Potage : de l'eau !
- Crustacés et coquillages : vin blanc sec
- Foie gras : vin liquoreux (sauternes)
- Poisson : vin blanc sec
- Poulet, dinde : vin blanc ou rouge léger
- Canard : vin rouge moyennement corsé
- Viandes rouges : vin rouge corsé
- Gibier : vin rouge corsé
- Fromages forts : vin rouge corsé
- Fromages de chèvre : vin blanc sec et fruité
- Roquefort : sauternes
- Salade : pas de vin, car il faut à tout prix éviter le mariage vin–vinaigre
- Desserts : champagne, vin blanc liquoreux

N'oubliez pas que si votre plat comporte une sauce faite à partir de vin, vous devez servir le même vin en accompagnement. Moralité : ne cuisinez pas avec de la piquette !

Savoir lire l'étiquette

AOC

Ce sont les appellations d'origine contrôlées. Grâce à elle, le gouvernement peut exercer un contrôle de qualité du vin. Elles dépendent de la région (l'appellation champagne n'est pas donnée aux mousseux produits à l'extérieur de la Champagne), du cépage, des méthodes de culture et de vinification.

Vin de pays

Il s'agit d'un vin dont la qualité est contrôlée, qui provient d'une région spécifique. Plusieurs facteurs sont contrôlés, comme l'utilisation des cépages.

Vin de table

Ce sont des vins que l'on appelle «vins ordinaires». On peut trouver de très bons vins de table, mais il faut absolument s'abstenir de les servir lors d'un grand dîner.

Comment déguster le vin

- Regardez la robe. Pour ce faire, levez le verre au niveau de vos yeux et mettez le vin devant la lumière. Tenez-le par le pied, pour ne pas faire de marques de doigts. Vous pourrez ainsi apprécier sa couleur, c'est-à-dire sa robe.

- Regardez la transparence. Le vin ne doit pas être trouble.

- Évaluez le bouquet. Mettez votre nez dans le verre incliné et humez.

- Et la jambe ? Faites tourner le vin dans votre verre assez rapidement. Ensuite, regardez les traces que le vin a laissées sur les parois. Plus les jambes sont prononcées, plus le vin est fort en alcool.

- Réévaluez le bouquet. En ayant tourné l'alcool, de nouveaux arômes peuvent apparaître.

- Dégustez. Prenez le vin en bouche. Une petite quantité suffit. Ne l'avalez pas tout de suite, mais faites-le plutôt tourner dans votre bouche afin de l'aérer.

Les conditions de dégustation idéales

- Dégustez en fin de matinée. Les papilles sont bien réveillées.
- Choisissez un endroit où la température est contrôlée : ni trop chaud ni trop froid.
- Faites attention à la lumière. Des lumières tamisées sont agréables, mais on ne peut pas admirer la robe du vin dans toute sa splendeur !

Les arômes

Pour vous aider dans votre appréciation, voici quelques pistes :

Le vin a-t-il des arômes…

… d'épices ?	Muscade Vanille Cannelle Poivre Girofle
… d'aromates ?	Laurier Basilic Menthe Réglisse
… animales ?	Cuir Musc Gibier Ambre gris Fourrure

… fruitées ?	Fruits rouges (framboise, mûre, fraise…) Fruits secs (amandes, figue, raisins…) Fruits à noyau (abricot, prune, cerise…) Fruits à pépins (pomme, poire…) Fruits exotiques (banane, orange, ananas…)
… de fleurs ?	Rose Pivoine Violette Jasmin etc.
…végétales ?	Bois Sous-bois Feuilles mortes Fougère Mousse Résine Champignon Foin Pin Tilleul
…empyreumatiques ?	Brûlé Pain grillé Tabac Café Cacao

Index des recettes

Index des bricolages